ULLSTEIN

Das Buch

Von Stralsund aus plant Gerd Engel mit seinem Riesenkatamaran *Sposmoker II* ein neues spektakuläres Abenteuer: Ziel ist die Insel Jan Mayen, die nur wenige Menschen betreten haben und die ihn seit vielen Jahren fasziniert. Doch die Erfüllung dieses Lebenstraums wird dem international renommierten Extremsegler und seiner Crew nicht geschenkt – ein ehrliches Buch über einen gefährlichen Törn, der fast in einer Katastrophe geendet hätte.

Der Autor

Gerd Engel, 1934 in Osterode (Harz) geboren, begann seine Laufbahn ganz traditionell als Moses auf einem winzigen Kümo in der Nord- und Ostseefahrt. Mittlere Fahrt folgte dann und der Wechsel zur Hamburg-Amerika-Linie. Nach 16 Jahren Seefahrt wurde er in die Lotsenbrüderschaft Elbe gewählt und machte ein zusätzliches Patent als Nordseelotse. Seine Leidenschaft gilt der Extrem- und Einhandsegelei, unzählige Artikel in der maritimen Fachpresse, 15 Bücher und mehrere Filme verschafften ihm internationale Beachtung. Mit dem Riesenkatamaran *Sposmoker* hält er den Rekord, in einem Jahr die Antarktis und die Arktis bereist zu haben, ist zweifacher Träger des Trans-Ocean-Preises und der Trans-Ocean-Medaille, wurde mehrfach mit dem Goldenen Kompaß ausgezeichnet und erhielt den »1998 OCC Award of Merit« vom Ocean Cruising Club, Lymington/England als Nichtmitglied.

In unserem Hause sind von Gerd Engel bereits erschienen:

Törn ins ewige Eis
Tropendurst und Arktishunger

Gerd Engel

Kurs Gletscherfeuer

Mit 12 Farbabbildungen und zwei Karten

Ullstein

Ullstein Taschenbuchverlag
Der Ullstein Taschenbuchverlag ist ein Unternehmen der
Econ Ullstein List Verlag GmbH & Co. KG, München
Originalausgabe
1. Auflage 2002

Umschlaggestaltung: Hansbernd Lindemann, Grafikdesign, Berlin
Titelabbildung: Klein/Engel
Gesetzt aus der Sabon
Satz: hanseatenSatz-bremen, Bremen
Druck und Bindearbeiten: Ebner & Spiegel, Ulm
Printed in Germany
ISBN 3-548-25335-0

Dieses Buch ist meinem Freund

Kapitän Rudolf Klein

in Dankbarkeit gewidmet.

Rudolf Klein hat mir das Leben gerettet,
nachdem ich nachts über Bord gefallen war.
Er hat mich in fünf Jahrzehnten
auf schwierigen Kursen begleitet.

Gerd Engel

Vorwort

Fernweh hat meine Kurse durchs Leben bestimmt.
Allzeit wollte ich hoch hinaus und weit fort.
So viele Ziele möchte ich noch ansteuern.
Die Insel Jan Mayen ist seit sechzig Jahren auf der Wunschliste gewesen.
So war die Reise zum vergletscherten Beerenberg die Erfüllung eines Traumes.
Sie war schön trotz aller Stürme, Kälte, Kälte, Nässe, Nässe, Nässe.

Gerd Engel

Am 1. August 2001 soll über der südwestlichen Nordsee ein Hochdruckgebiet mit einem Keil zu den Shetlands liegen. Das Hochdruckgebiet soll sich abschwächen und am nächsten Tag über Polen sein, der Keil soll nach Südnorwegen schwenken. Ich vergesse das Sturmtief beim Nordkap, das zur Barentssee zieht, und habe am Gewittertief über Nordspanien kein Interesse. Von Stralsund möchte ich in Richtung Kattegat starten, und Schiebewind erhoffe ich mir zum Auftakt. West bis Nordwest prognostiziert der Deutsche Wetterdienst für all die Gebiete auf unserem Kurs. West wäre schön, und Nordwest würde hoch am Wind gegenan bedeuten. Kein guter Kurs für die wenig befahrenen Gefährten, denen die Seebeine erst noch wachsen sollen.

Gutes Wetter zum Auftakt habe ich mir aber gewünscht, damit die Kameraden nicht gleich verprellt werden. Die Fünftagevorhersage habe ich studiert, die Wetterentwicklung auch und als hemmungsloser Optimist sogar vom südlichen Starkwind geträumt. Eine schnelle Reise möchte ich machen und nicht zu Anfang schon vor dem Wind liegen müssen. Denn ehrgeizig ist das Ziel nun mal, einen Törn nach Jan Mayen und zurück in vier Wochen bewältigen zu wollen und zusätzlich eine Besteigung des Beerenbergs zu planen.

Beim ersten Büchsenlicht ist der Himmel über Kiel noch in Ordnung. Ein Sommertag kündigt sich an. Ein wenig Hochnebel sehe ich, während ich mich nach der letzten Dusche an Land und zu Hause trockenrubbele. Bin ich unaufmerksam? Oder soll das so sein? Mit dem Handtuch wische ich die Wattestäbchen von der Glasplatte. Fünfhundert dieser Dinger, mit denen man sich nach dem Duschen die Ohren innen trocknet, liegen auf dem Fußboden verstreut. Der Tag fängt ja gut an! Dieser Gedanke steigert mich in eine alberne Lustigkeit hinein. Ich kann mich kaum beruhigen. Dann der nächste Gedanke. Das Lachen wird dir noch vergehen, Gerd Engel. Mit dem Beerenberg und den Teufeln von Jan Mayen ist nicht zu spaßen. Noch mal ein Blick aus dem Fenster, wo ganz hoch über Kiel ein vierstrahliger Jet von der Morgensonne golden angestrahlt nach Südwesten steuert.

Hölleninsel und Teufelseiland nennen die Isländer und die Norweger dieses furchteinflößende Jan Mayen zwischen Grönland und Spitzbergen auf über siebzig Grad Nord gelegen. Wetterküche! Sturm und Brecher! Oder Nebel mit immerwährendem Regen. Eis und Schnee. Fallböen von Orkanstärke und ständige Brandung an den Küsten, die ein Anlanden nur selten erlauben. All das kennzeichnet Jan Mayen, das nur wenige Menschen einmal richtig gesehen haben, da das Betreten während der letzten Jahrzehnte aus militärischen Gründen streng verboten war.

»Jan Mayen? Was willst du da?« So fragten meine Freunde.

»Den Beerenberg besteigen«, so hieß die Antwort.

Warum also Jan Mayen? Vielleicht hat dieser Törn auch mit der Autorin Christiane Ritter zu tun, die ein Kultbuch schrieb: »Eine Frau erlebt die Polarnacht«[1]. 1937 überwinterte Frau Ritter mit ihrem Mann, einem berühmten Gletscherforscher, an der Nordküste Spitzbergens und schilderte ihre Eindrücke so humorvoll, spannend und bildhaft, wie dies nur aus ganz besonderem, tiefem Erleben möglich ist. Ich habe das Buch als Junge gelesen, und seither trage ich den Bazillus »Arktikbitten«, das heißt: von der Arktis und Antarktis gefangen, wie den Bazillus einer unheilbaren Krankheit in mir. Amundsen ist mein Idol und Shackleton bewundere und verehre ich, weil er seine Männer heil nach Hause brachte. Ich kenne alle Berichte von Drygalski und Scott, von Palmer und Bellinghausen bis zu Erich und Heide Wilts. Ich möchte auf ihren Spuren segeln. Ich möchte vor der Hütte stehen, in der Christiane Ritter überwinterte. Daß auf Jan Mayen eine von vielen Wetterstationen der deutschen Wehrmacht im Zweiten Weltkrieg war, ist mir natürlich auch vertraut.

Vor mir liegt nicht mein erster Törn in diese Gegend. Ich war vor Grönland an der Ost- und an der Westküste bis weit in den Norden. Die Gewässer um Spitzbergen habe ich schon mehrfach bereist und habe es dennoch nach Jan Mayen nie geschafft. Obwohl es mich doch seit 1940 schon lockte. Damals war ein Soldat bei meinen Eltern zu Besuch, auf Heimaturlaub, wie man das nannte. Er kam in Uniform und mit einer Pistole, die mich faszinierte, und mit einer Geschichte, die ich eigentlich nicht

[1] Ritter, Christiane: Eine Frau erlebt die Polarnacht. Ullstein Taschenbuch 23566.

hören durfte. Doch wer achtete schon auf den Jungen, der still in der Ecke hockte, während ein paar Gläser Wein die Zungen der Erwachsenen lösten? Alkohol und Geheimnisverrat waren oft Brüder. Von U-Booten war die Rede, die unter Eis tauchten. Mehrfach fiel das Kriterium »streng geheim«. Man sprach von Geleitzügen, Landstationen und Fischdampfern. Ich hörte von automatischen Wetterstationen und Wetterballons, von Bodö und irgend etwas mit Seekrieg und Seekriegsleitung und mußte leider ins Bett, als man mich entdeckte. Wo Spitzbergen lag, wußte ich bereits von Christiane Ritter. Grönland und Norwegen waren mir vertraut aus dem großen Weltatlas, einem meiner liebsten Bücher. Aber an jenem Abend fand ich im Licht meiner Taschenlampe zum erstenmal Jan Mayen auf einer Karte vom Nordmeer.

Ein großer Teil der Ausrüstung ist schon an Bord meines Katamarans *Sposmoker II*. Dazu gehören alle Karten, selbstverständlich auch für Island, Norwegen und Grönland. Überlebensanzüge und warme Klamotten aus Faserpelz und Vlies, lange Unterhosen und Handschuhe und Mützen sind bereits verstaut. Die Winterausrüstung scheint zu diesem Sommermorgen in Kiel nicht zu passen. Aber auf dem Beerenberg werden wir Eispickel, Zelte, Schlafsäcke, Seile, Skier brauchen. Als zweite Abteilung gewissermaßen auf der Liste der vielen Dinge, die man nicht vergessen darf, stehen Arzneien bis Zündhölzer, Labello bis Laptop.

Ich fahre nach Hamburg, um meinen Freund aufzupicken. Kapitän Rudolf Klein, Gefährte auf schwierigsten Kursen in extremen Gebieten. Ruhig und besonnen, wie ich es schätze. Tapfer in dramatischen Situationen, die uns hoffentlich erspart bleiben werden. Tapfer, wenn Tapferkeit gefragt ist, und belastbar, wenn der Tag ohne Schlaf auch mal mehr als vierundzwanzig Stunden dauern sollte. Ein Freund, der mir einmal das Leben gerettet hat, als ich nachts über Bord gegangen war. Beruhigend zu wissen, daß der gestandene Mann auch diesmal dabei ist. Er soll das Schiff führen, solange ich mit den Bergsteigern unterwegs sein werde. Denn die Bergtour ist das Neuartige an dieser Reise, die nicht nur ein Segeltörn sein soll wie alle unsere Törns zuvor. Die fast noch größere Herausforderung liegt in der Besteigung des Beerenbergs, der höchsten Erhebung der Insel. Ein vergletscherter Vulkan! Höhepunkt der Expedition? Oder ganz besondere Falle der Teufel, die dort oben hausen sollen?

Ich lasse Kiel hinter mir und erinnere mich, während ich auf der Autobahn nach Hamburg brause, an einen Herbsttag an der Förde. Ich wohne nicht weit vom Hindenburgufer und bin in fünf Minuten unten am Landeshaus und beim Kieler Yachtclub. Ich mag es, am Wasser entlangzuwandern in Richtung Tirpitzhafen. Oft halte ich inne, blicke in Richtung Friedrichsorter Enge und lasse die Träume wandern. An einem klaren Tag bis zur Kimm ganz weit draußen beim Kieler Leuchtturm. An Laboe schon vorbei und mit Ärö voraus. Ich kann mich verlieren in Gedanken an Kamtschatka und die Beringstraße, die Glacier Bay in Alaska oder Deception Island in Feuerland – tausend Orte oder mehr sind es, die ich schon besucht habe. Und die vielen Orte, zu denen ich noch möchte, sind auch nicht weniger.

In jenen Herbstmorgen, nebelverhangen und windstill, fällt dunkles Tuten aus Richtung Innenförde. Eine fahle Scheibe Morgensonne dringt nur zuweilen durch den Dunst, macht erste Löcher in den Nebel, malt hier und da Flecken aus Licht auf dem Wasser und wird hinter weißen Nebelschwaden wieder unsichtbar. Ich wandere in Richtung Seglervereinigung Kiel weiter. Die Kameraden haben ihren Hafen am Ende des Hindenburgufers, und auf der Landseite der Straße befinden sich das Clubhaus und der große Platz, wo im Winter die Yachten stehen. Zweimal im Jahr beim Abslippen und beim Aufslippen gibt es dort ein Schauspiel zu bewundern, das mich stets durch die perfekte Organisation begeistert. Der ganze Verein, ich weiß nicht, wie viele hundert Yachten unter dem Stander segeln, slippt an einem einzigen Tag. Ein Pulk aus Mobilkränen fährt in einem großen Kreis vom Hafen über das Gelände und wieder zum Hafen. Sie halten schaukelnde Boote am langen Arm, nehmen auf und setzen ab, ameisenhaft, emsig, zielstrebig und sicher. Es gibt Anschläger und Leinencrews, Sanitätsdienst und Ordner, Sprechfunkverkehr und eine detailliert bedachte Reihenfolge, und alles geht ohne jedes Geschrei.

An jenem Morgen hatte ich auf dem Weg an der Förde entlang, weiß der Henker warum, irgendwie im Nebel als Vision Jan Mayen gesehen. Weil Nebel und Jan Mayen zusammengehören vielleicht? Ich hatte den Segelkameraden zugesehen, hatte mit ein paar Freunden aus dem Verein gesprochen und auf dem Nachhauseweg gedacht, daß eine solche Planung die Voraussetzung für einen Trip nach Jan Mayen wäre. Eine perfekte Organisation, in der alles bedacht sein müsse, von der richtigen Ausrüstung bis zu den richtigen Leuten. Daß ich keine Fehler machen dürfe. Daß es aber an der Zeit sei, nach fünfzig Jahren Wunschdenken endlich diesen Kurs zu steuern.

Anruf beim Alpenverein! Der freundliche Herr hatte von Jan Mayen noch nichts gehört und fand das Vorhaben, nachdem ich alles erzählt hatte, wohl ziemlich exotisch. Dennoch bekam ich an einem der nächsten Tage die Telefonnummer eines Mannes, der eventuell interessiert sein könnte. So lernte ich Eggert Keller kennen, zunächst am Telefon und dann persönlich, als einen möglichen Gefährten bei der Expedition auf den Beerenberg. Eigentlich hatte ich ja junge bärenstarke Leute gesucht, die mich beziehungsweise einen Teil meiner Ausrüstung auf den Berg hinauftragen sollten. Eggert aber ist nur wenige Jahre jünger als ich und ein ungewöhnlicher Mensch. Vielleicht würde er für meine Pläne Körperkraft durch Erfahrung ersetzen können? Und irgendwo mußte ich ja einen Anfang machen. Wir lernten uns kennen, und die Überzeugung verfestigte sich in mir, daß ich mich auf ihn verlassen könnte. Ich hatte einige zurückliegende Erfahrungen mit extremen Bergtouren. Aber ich wußte wenig über moderne Ausrüstung und brauchte einen Mann aus der Praxis. Eggert erzählte von früheren Touren, und im nachhinein denke ich, daß wir beide – ohne all die anderen – vielleicht die beste Lösung gewesen wären.

Dann erreiche ich Hamburg Duvenstedt, einen Villenvorort. Es ist ein Sommermorgen mit viel Vogelgezwitscher in den alten Bäumen. Mein Freund Klein hat bereits gepackt und steht bereit. Letzte Verabschiedung, und er dankt seiner Frau, daß sie ihm Urlaub gibt. Auf den ersten Kilometern zur Autobahn führen wir uns so auf, als gingen zwei Jungen auf Abenteuerzelturlaub. Vierundsiebzig Jahre alt ist der Freund, und ich bin siebenundsechzig, und wir sind fit wie ein Turnschuh. Ich ärgere Miesmacher zuweilen mit Sprüchen, daß ich »gefühlte« erst neununddreißig sei und es an alten Bäumen auch junge Früchte gebe.

Über das Wetter sprechen wir und über den Proviant, den wir noch kaufen müssen, über vergangene Reisen und über den neusten Klatsch aus dem Kapitänsclub der Hapag, in dem wir beide Mitglied sind. Als wir eine Kaffeepause einlegen, spricht mich auf dem Parkplatz jemand auf lateinisch an. Aber meine Jahre auf dem humanistischen Gymnasium sind dann wohl doch schon zu lange her. Ich verstehe nur Bahnhof. Und was soll das? Bis mir ein Kronleuchter aufgeht: Das Auto, das wir benutzen, hat mir mein Stralsunder Freund Jörg Bornhöft geliehen. Auf beiden Seiten prangt groß die Werbung für seinen Gartenlandschaftsbau, und der fremde Mann spricht von lateinischer Botanik. Ich kläre die Sache und erzähle, daß wir Seeleute sind, finden es aber überhaupt nicht witzig, als nun der Mann kommentiert: »Auf einem Seemannsgrab blühen keine Rosen.«

Ach ja? *And what about the watermelons on the bottom of the sea?*

Auf einem Schild lese ich etwas von Grevesmühlen und Boltenhagen und erzähle dem Freund von meinem ersten Besuch dort, gleich nach der Wende. Weil meine Frau Kindheitserinnerungen von der Sommerfrische mit den Eltern am Strand bewahrt hatte, zog es uns zu dem Platz. In Boltenhagen war sie als kleines Mädchen glücklich gewesen. Der Anblick einer Ortschaft wie Grevesmühlen war 1990 ein böser Schock für Menschen, die nie in der DDR gewesen waren. Doch dann sahen wir Boltenhagen an einem herrlichen Sommertag und genossen den Blick über die Lübecker Bucht. Wie oft hatten hier wohl Menschen gestanden und zu den Lichtern in der Ferne gesehen? Hatten die großen Fähren und die Passagierdampfer vorbeifahren sehen und ihr Fernweh nicht befriedigen können?

Boltenhagen hieß auch eines der vielen Küstenmotorschiffe, die die DDR über die Weltmeere schickte. Die Schiffe befuhren den Kielkanal auf ihren Reisen von Schweden, Finnland, Polen oder auch nur nach Wismar und Rostock und zurück. Und als Elblotse war ich ganz häufig an Bord der *Sellin,* der *Ahrenshoop,* der *Malchin,* der *Stavenhagen* und vielen, vielen anderen. Die kleinen Ortschaften, nach denen sie benannt waren, kannte ich nicht und wußte wenig von den Bedingungen jenseits des eisernen Vorhangs. Mecklenburger Seeleute und Fischer fuhren als Besatzung auf den winzigen und langsamen Frachtern, mit denen sie gegen die Tide zuweilen sechs Stunden oder mehr unterwegs waren. Eine offizielle, nur auf die dienstlichen Zwecke beschränkte Reise war besonders für mich auf den Kümos selten. Häufig ergaben sich lange nette Gespräche über Seefahrt, die Frau zu Hause oder den Garten. Die Politik wurde meistens ausgeklammert. Ich nahm als Lotse an den Mahlzeiten an Bord teil, wie es überall auf der Welt üblich ist. Und es war wohl die *Boltenhagen* mit ihrem besonders humorigen und aufgeschlossenen Kapitän, auf der stets ganz unbefangen politische Witze erzählt wurden: Warum gibt es in der DDR neben den Straßen immer breite freie

Streifen? Damit die Soldaten nicht die Flinte ins Korn werfen können.

Inzwischen sind wir in Rostock, biegen auf die Bundesstraße ab, und ich konzentriere mich auf den Verkehr.

In Stralsund angekommen, sehen wir Dirk am Schiff fleißig bei der Arbeit. Dirk schippert mit zahlenden Gästen von Stralsund aus in Tagestörns auf meinem *Sposmoker II* auf der Ostsee und ist auch für uns ein unermüdlicher Helfer und Ratgeber. Auch Beate Reetz ist da, sie gehört zu dem großen Kreis meiner Stralsunder Freunde. Beate ist Kutterseglerin, und Kuttersegler haben bei mir einen Stein im Brett und genießen meine ganze Hochachtung. Wer durch diese Schule gegangen ist, der segelt jedem Teufel ein Ohr ab. Wer Kuttersegeln betrieben hat, ist auf Expeditionen gut zu gebrauchen. Große Freude deshalb, als Beate drei Tage vor der Abfahrt sich bereit erklärt, einzuspringen und mitzukommen. Sie ersetzt den Mann, der während unserer Expedition auf den Beerenberg zusammen mit meinem Freund Klein das Schiff auf Warteposition halten und das Dingi beim Verkehr vom Boot zum Strand fahren sollte. Auch Ankerwache gehen. Und was alles sonst so anliegt. Beate, die nicht nur gut aussieht, sondern auch blitzgescheit ist, hat während der Reise Unglaubliches geleistet und Unbilden durchgestanden, vor denen mancher Mann aufgegeben hätte.

Wir fahren zum Einkaufen. Insgesamt sechs Personen werden an Bord sein, und es ist geplant, den Proviant für die gesamte Reise hin und zurück hier an Bord zu nehmen. Wenn die Umstände es erlauben, wollen wir nonstop nach Jan Mayen und nonstop zurücksegeln, und selbstverständlich gibt es auf der Insel keinen Laden und keine Tankstelle. Die Einkaufslisten sind vorbereitet und auf den ersten Blick schon ganz schön lang. Aber das Boot hat eine Menge Stauraum, und abends ist dann irgendwie alles im Schiff verschwunden. Da bleibt auch noch Raum für die Zelte, Skier, Säcke und Taschen und Beutel und Tüten, mit denen Ingrid und Michael, die beiden Bergsteiger aus Bayern, abends mit dem Zug ankommen. Bayern?

Im Winterhalbjahr, wenn ich nicht gerade in der Antarktis segele, bin ich in Deutschland mit Diavorträgen unterwegs. Am Ende des Vortrags unterhalte ich mich gerne mit dem Publikum. »Frage und Antwort« nenne ich das, und manchmal fragt auch jemand, was ich als nächstes vorhabe. So erzählte ich im Februar am Chiemsee von der geplanten Expedition nach Jan Mayen und daß ich noch kräftige junge Burschen aus den Alpenländern mit Bergerfahrung brauchen könne. Am nächsten Morgen, während des Frühstücks im Hotel, erreichte mich ein zunächst mysteriöser Anruf von einer unbekannten Dame, der mit dem Vorwurf begann, ich hätte ihr eine schlaflose Nacht bereitet. Ingrid Hopmann war unter den Zuhörern gewesen und hatte sich von der Idee Jan Mayen und Beerenberg begeistern lassen. Sie kam ins Hotel für ein erstes Gespräch. Später kam sie dann nach Kiel, um die anderen kennenzulernen, war mit beim Segeln, um das Schiff kennenzulernen, und wurde Mitglied im Team. Ingrid ist Krankenschwester und Fliegerin, und beides sind Pluspunkte. Zu Krankenschwestern hatte ich schon immer ein ganz besonderes, von Hochachtung geprägtes Verhältnis, und außerdem fliege ich gern und so oft ich kann. Ingrid brachte Michael mit und meinte, daß er unbedingt dabeisein sollte. Wir kannten ihn bis zum Tag seiner Ankunft nur vom Telefon.

Als ich mich der alten Hansestadt Stralsund zum erstenmal in meinem Leben genähert hatte, war in jener Nacht die Geisterstunde schon vorüber. Ich kam über das Wasser, wie es sich für einen Seemann gehört. Das dunkle südliche Ende der Insel Hiddensee hatte ich zuerst gesichtet. Ab und an eine unbeleuchtete Tonne im Schein der Positionslampe dann. Und bei Barhöft sah ich schemenhaft so etwas wie einen dunklen Wald. Ich fuhr dann ein langes Stück geradeaus in einer Richtfeuerlinie, wo ich mich auch mal, mit gestoppter Maschine treibend, an der Karte orientieren mußte. Nächtliche Dunstschwaden ließen an den Tanz der Elfen über dem dunklen Wasser denken. Direkt neben dem Fahrwasser liefen die Möwen auf den Sänden barfuß durch die Nacht. Eine schwierige Ansteuerung ohne Radar. Und endlich dann, ziemlich spät, als zöge man einen Vorhang zur Seite: Stralsund mit Dächern, Türmen und Speichern, von Scheinwerfern beleuchtet.

»Das ist ja wie Brüssel, Antwerpen, Zeebrügge hoch drei. Das ist ja Wahnsinn!« Ich sagte es laut in die Nacht und war fasziniert von der beeindruckenden Silhouette der alten Hansestadt am Strelasund.

Am nächsten Tag wirkte dann einiger Schrott im Stadtbild ein wenig ernüchternd. Aber sagt man nicht, daß nur der erste Eindruck zählt?

Auch an dem Morgen vor dem Auslaufen nach Jan Mayen leuchtet die Stadt. Sonne vom feinsten, blinkend und funkelnd auf dem klaren Blau im Sund, spiegelnd in den Fenstern hier und da. Eine Fülle von Licht, weil der Nordwestwind für klare Luft gesorgt hat. Unendlich weit ist die Sicht deshalb auch. Über der Mole sieht man im Nordwesten Teile von Hiddensee! Welch ein Tag, um von Stralsund nach Norden zu segeln!

Die Besatzung hat gut geschlafen. Wir frühstücken entspannt, stauen Gepäck um und checken die Maschinen im Probelauf. Wir müssen bloß noch Wasser nehmen. Es wird viel fotografiert an diesem Morgen, und ich telefoniere hinter Eggert Keller her, der nochmals weg mußte und nun endlich zur allgemeinen Erleichterung, von Kiel kommend, aufkreuzt. Wir sind komplett, das Schiff ist fit, der Oberbürgermeister kann kommen.

Zur Zeit der Hanse fuhren die Schiffe auch von Stralsund aus in die Welt. Aber die Welt war damals noch klein. Kolumbus hatte Amerika noch nicht entdeckt. Grönland kannte man nur vom Hörensagen, und niemand wußte zu dieser Zeit etwas von Jan Mayen. Nun soll *Sposmoker II* in See gehen mit diesem auch heute noch ungewöhnlichen Ziel. Da waren ein wenig Presse und eine offizielle Verabschiedung angebracht.

Zwölf Uhr mittags am ersten August 2001 hieß es: Leinen los! Den Zeitpunkt hatte ich lange vorher bekanntgegeben, damit er auch in die Terminpläne paßte. Und Harald Lastovka, seines Zeichens Oberbürgermeister der Hansestadt Stralsund, kommt mit Gefolge. Verschiedene Biere der Stralsunder Brauerei hat er mitgebracht, und dieses Geschenk haben wir später ganz besonders genossen. Die Firma Strelaback hat das Abschieds-Catering übernommen, Herr Urban sorgt für Sekt, Bier und leckere Häppchen. Die Presse ist auch da. Frau Holtmann vom Sender Antenne MV hat die Nachricht verbreitet. Nun macht sie letzte Interviews, vor allem mit Beate, die sich ganz langsam zur Heldin von Stralsund wandelt, da ihr Mut allgemein bewundert wird. Ingrid Hopmann posiert mit ihren Skiern. Im übrigen sind viele Interviews angesagt, und so vergeht die Zeit wie im Flug.

Zehn vor zwölf!

Besucher von Bord! Aufkürzen der Leinen, und die Maschinen laufen sich warm. Ich habe das weiße Tuch klar zum Setzen, denn daß wir unter Segeln ablegen ist Ehrensache. Der Wind ist genau richtig dafür.

Fünf, vier, drei, zwei, eins.

Leinen los!

Auf die Sekunde genau beginnt der Streifen Wasser zwischen Schiff und Kai breiter zu werden. Wir fahren Manöver vom feinsten. Ein wenig Show ist nun mal *part of the game,* und deshalb führen wir mehrfaches Wenden und Halsen vor, dicht vor der Kaimauer. Bei Nordwest fünf kommen wir auch im Hafen schon ordentlich in Fahrt. Da gischten wir mal zur Einfahrt, preschen zurück in Richtung Speicher und bemühen uns, für die Presse, die in einem eilig gecharterten Kutter auf die richtige Position lauert, unser Bestes zu geben. *Sposmoker II* unter vollen Segeln vor der Silhouette der alten Hansestadt und ihren Speichern wird dann auch zum rundherum gelungenen Motiv. Dann signalisieren die Fotografen, daß alles im Kasten ist. Wir können auslaufen. Ich bin schon in der Einfahrt, als Michael nach seiner Kamera schreit, die er den Leuten im Kutter gegeben hat, damit sie für ihn ein paar Extrabilder machen. Also wieder zurück. Man reicht den Apparat herüber, und dann geht es endlich Kurs Ostsee. Viel später werde ich erfahren, daß meine Show unter Segeln Beates Mutter zu Tränen rührte. Ein Schiff, das zu einer langen Reise ausläuft, ist nun mal etwas Besonderes. Und die *three cheers*, die wir sechs an Bord kraftvoll brüllten, haben gewiß auch ein Übriges getan.

Nach der ersten Meile müssen wir den Kurs nach Backbord ändern. Im schmalen Fahrwasser laufen wir mit den Maschinen nach draußen. Erst bei Barhöft können wir die Segel setzen und dann einen Anlieger hoch am Wind steuern. Hiddensee liegt an Steuerbord und zunächst noch Møn voraus. Ach ja! Hiddensee und der Südteil, der unter Naturschutz steht.

Dann haben wir die Insel Mön an Backbord. Der Wind dreht rechts jetzt. Gern hätte ich die Kreidefelsen ganz nah passiert, um den Gefährten die Klippen zu zeigen und um von meinem allerersten Morgen auf See zu berichten. Von Harburg nach Malmö ging die Reise auf jenem winzigen Kümo, auf dem meine Karriere begann. Sommer war's. Mein erster Tag auf See! Morgens um fünf wurde ich wach, krabbelte aus dem Niedergang an Deck und sah diese Felsen ganz nah, in der Morgensonne rötlich angestrahlt, sah das Meer unendlich weit zur anderen Seite und Fischkutter um uns her und Yachten unter weißen Segeln. Mein Gott ist das schön, habe ich damals gedacht und sofort gewußt, daß ich meinen Entschluß, zur See zu fahren, niemals bereuen würde.

Eggert erzählt von Møn und daß man an klaren Tagen hinübersehen kann nach Rügen. Nachts blinkt das Feuer von Arkona über der Kimm. Die DDR lag von dort aus im Süden und uns verschlossen, wie es ihren Bürgern verboten war, hier herüberzusegeln. Wie viele Fluchten sind hier gescheitert! Welche Dramen haben sich hier abgespielt, wo wir jetzt unseren Sonnenkurs nach Norden steuern.

Auch ich erinnere mich: Einmal lag ich mit meinem Boot in Klintholm, dem Hafen an der Westseite der Insel. Irgendwann machte eine westdeutsche Yacht längsseits fest, und nach einiger Zeit, als wir vertrauter geworden waren, erzählten die Leute, daß sie von Sassnitz kämen.

»Sassnitz? Das ist doch auf Rügen?«

»Ja, wir mußten vor Sturm da hin. Wir mußten vor der See ablaufen und sind dann nach Sassnitz rein.«

»Und hat man sie verhaftet? Und wieso durften sie mit dem Schiff wieder raus?«

»Die waren sehr höflich und korrekt. Aber an Land durften wir nicht, und als der Sturm vorbei war, mußten wir auslaufen.«

Eine bundesdeutsche Yacht in der DDR war damals eine Sensation. Und heute? Ein Ossi an Bord mit Kurs nach Jan Mayen!

Der Wind wird nördlicher, und nun können wir Trelleborg gerade noch anliegen. Ich entscheide mich für weiterlaufen mit dem Gedanken, dann vielleicht unter der Küste einen Schlag nach Westen zu machen. Der Kurs wird leider viele Stunden kosten. Die südwestliche Ecke Schwedens hat vorgelagerte Flachs, die großen Abstand von der Küste erzwingen. Aber was sollen wir machen? Mit einem leckeren Westwind wären wir schon an Kopenhagen vorbei, doch so stehen wir um Mitternacht erst vor dem hellerleuchteten Trelleborg. So richtig zufrieden bin ich nicht mit dem ersten Tag.

Dann fällt mir im letzten Moment der Falsterbokanal ein, der die Halbinsel durchschneidet und für uns etliche Stunden Zeitgewinn bedeuten kann. Aber im Falsterbokanal nachts, ohne Karte? Diese Alternative war ja nicht geplant, und deshalb bin ich auch nicht dafür ausgerüstet. Allerdings habe ich den Durchstichkanal nicht nur auf dem Kümo während meiner ersten Reisen kennengelernt, sondern auch mit Segelbooten viele Male durchquert. Mit Lotsenaugen und ein wenig Glück müßte die Passage glücken ... Ich bespreche das Vorhaben mit meinem Freund Klein, und wir sind sicher, daß wir es packen können. Mit flotter Fahrt geht es also in Richtung Einfahrt. Dicht vor der südöstlichen Mole bergen wir die Segel. Mit Maschine gegen starken Strom und Wind laufen wir ganz langsam durch den Kanal und haben auf der anderen Seite Schwierigkeiten, im Düstern die unbeleuchteten Tonnen nicht zu rammen. Mit Hilfe des GPS und ständig lotend motore ich neben dem Fahrwasser einher, versuche mich an den Leuchtfeuern zu orientieren und kann schließlich das Hauptfahrwasser im Öresund ohne Schaden erreichen. Auf der Höhe des Flughafens von Kopenhagen gehen die Segel wieder hoch.

Auch der zweite Tag der Reise wird ein Sonnentag, wie er im Buch steht. Viele Segler kommen aus dem Hafen. Wir ziehen ruhig an Kopenhagen vorbei, und ich denke an die Lange Linie und den großen rund angelegten Yachthafen dort, den ich im Raum Kopenhagen immer benutze. Man muß zwar viel Glück haben, wenn man einen Platz ergattern will, muß vormittags ankommen, wird aber belohnt durch das Liegen in einem Park und so nah am Zentrum der Stadt. Ein ganz besonderes

Original ist übrigens der Hafenmeister, mit dem ein Gespräch anzufangen sich lohnt, falls er gerade Ruhe und Zeit hat.

Die Fahrt geht dann an Humlebaek vorbei, und ich erzähle den Gefährten, daß ich hier normalerweise immer für einen Tag oder zwei stoppe. »Louisiana« liegt dort, in meinen Augen das zweitbeste »Museum of Modern Art« nach jenem in New York. Ein wunderbares Haus mit Exponaten, die einen Besuch wirklich lohnen. Die Sonderausstellungen haben für gewöhnlich ein individuelles Schwerpunktthema, wie zum Beispiel Picasso oder einen berühmten Fotografen, skandinavische Holzarchitektur und Werke von Moor oder Kalder. Der Blick auf die Insel Ven – ich gerate ins Schwärmen. Aber auf dieser Reise haben wir andere Ziele, und Humlebaek bleibt an Backbord achteraus.

Bei Helsingör gehe ich ganz dicht unters Ufer, das Schloß Kronborg kann man fast anfassen.

»Was sagt euch das?« frage ich in die Runde. »Das ist Schloß Kronborg.« Ich spreche den Namen ganz langsam und betont, aber auch der Lehrer unter uns hat null Ahnung. »Von Hamlet noch nichts gehört? Shakespeare noch nicht gelesen? Die Königsdramen? Sein oder Nichtsein.«

Viel Sonne und wenig Wind gibt es jetzt. Unter Maschine nehmen wir das Kategatt voraus, laufen zielstrebig auf nördlichem Kurs zwischen dümpelnden Yachten hindurch, die sich Zeit lassen. Die *Octopus* ruft uns auf UKW. Ich kenne den Schipper, und sogar durch den Äther spürt man, wie er sich vor Kälte schüttelt, als er hört, wohin wir wollen.

»Nee, da im Eis wäre es mir zu kalt.«

Meine Versuche, von der Schönheit der arktischen Regionen zu schwärmen, verhallen ohne Wirkung.

Jede Meile hier ist für mich mit Erinnerungen gespickt. Als wir Kap Kullen an Steuerbord querab peilen, beginne ich von Mölle zu schwärmen. Dieses alte schwedische Seebad war vor hundert Jahren schon eine begehrte Sommerfrische. Auf Kap Kullen gibt es einen schönen Park, Golfplätze, Tennisplätze, und Mölle hat sich in Teilen seinen Charme bewahrt. Der Name Mölle ist übrigens unauslöschlich verbunden mit jener Geschichte von dem falschen Wetterbericht, den mir noch niemand so richtig erklären konnte. Damals lagen wir in Göteborg und wollten zum Öresund. Selbstverständlich hörte ich abends den Wetterbericht von Kiel-Radio, in dessen Verlauf die Meteorologen vor starkem Südost im gesamten Kattegat warnten. Also war es nichts mit einer schnellen Reise nach Süden.

»Wir schlafen aus. Nach dem Frühstück spielen wir ein bißchen in den Schären, und dann schauen wir mal.« So lautete unser Fazit.

Morgens wurde ich von selber wach und sah aus dem Luk. Nordwestwind! Also an Deck mit der Crew. Reise, Reise!

»Los, es weht aus Nordwest. *Carpe diem,* heißt das Motto. Nutze den Tag, und frühstücken können wir auf See. Leinen los, und nichts wie weg.«

Zur Belohnung gab es einen wunderbaren Segeltag mit fünf Beaufort aus Nordwest. Wir rauschten im Kattegat nach Süden mit flotter Fahrt und machten abends spät in Mölle fest. Während des Tages hörte ich Wetterberichte, und stereotyp beharrte man auf fünf Windstärken aus Südost. Kann man sich so sehr irren? Drei Tage lagen wir in Mölle. Drei Tage fragte ich immer wieder Yachten, die von Norden kamen, was sie denn für Wetter gehabt hatten.

»Traumhaft! Schiebewind vom feinsten. Wir kommen von Anholt. Wir kommen von Lasö, Mensch war das schön mit dem Nordwest.«

Begeistert klangen die Kommentare, und drei Tage lang wurde Südost gemeldet. Vielleicht war da ein Neuer, der noch nicht wußte, wie das rechnet? Wo der Wind herweht oder hinweht? Später wollten die Offiziellen sich herausreden mit thermischen Einflüssen. Aber ich glaube bis heute, daß ganz einfach jemand »getorft« hat, wie der Seemann so sagt.

Der Wind dreht auf Südost und frischt auf. Wir binden ein Reff in das Großsegel und wechseln auf die Sturmfock. Nun fegt *Sposmoker II* das Kattegat hinauf. Anholt passieren wir mit flotter Fahrt und sausen nur so an Läsö vorbei. Am Morgen dieses Reisetags passieren wir Skagen, finden glattes Wasser unter der Küste und können bei besonders ruhig liegendem Schiff eine ausgiebige Mahlzeit genießen. Die Gefährten haben noch Schwierigkeiten, sich an die Bewegungen zu gewöhnen, und müssen erst eingesegelt werden.

Westlich von Skagen gibt es Schiebewind mit richtig flotter Fahrt. Aber auch ein Mix aus Dunst, Nebelfladen und dicken Schauern macht uns zu schaffen. Zuweilen kommt ein Frachter ziemlich spät aus der Suppe in Sicht und wird rasant passiert. Sollen wir langsamer segeln? Jetzt heißt es, Meilen nach Westen gutmachen, denn der Wind wird drehen, wird auf westliche Richtung gehen und sogar noch zunehmen. Was wir jetzt nicht schaffen, müssen wir uns später erkämpfen. Also weiter unter

Vollzeug. Gischt an beiden Steven bedeutet mehr als vierzehn Knoten. Wir rauschen über brechende Seen und steuern von Hand, weil der Autopilot Schwierigkeiten bekommt, wie so häufig, wenn ich die Segel zu lange stehenlasse.

Die Crew ist die viele frische Luft nicht gewohnt. Die Bewegungen des Schiffes machen zusätzlich müde. Ein unglaubliches Schlafbedürfnis bei meinen Gefährten läßt alle ziemlich früh zur Koje gehen.

»Was sollen wir hier zu zweit herumstehen? Das bißchen Segeln kann ich schließlich auch alleine.« Voller Mitleid schicke ich Ingrid, die Wache hat, zu Bett und genieße zunächst noch die flotte Fahrt in der richtigen Richtung.

Ungefähr um Mitternacht ein Höllenwolkenbruch und Aufbrisen auf sieben oder acht in Böen. Diese Front wurde vorhergesagt und bedeutet eigentlich noch nicht so besonders viel Wind. Aber wahrscheinlich hat der Strom gedreht und läuft gegen die See, die jetzt hoch und brechend das Boot zum Stampfen bringt. Ich möchte um alles in der Welt nichts kaputtsegeln und die Reise ohne Schaden hinter mich bringen. Also Wechsel von der Fock auf die Sturmfock, was ich ganz alleine bewerkstellige. Bald ist auch diese Fläche noch zuviel, und das nächste Manöver heißt: weiter unter stark gerefftem Großsegel. Es ist meine Strategie, wenn ich nicht nach Lee treiben will, sondern ungefähr die Position halten möchte. Das Boot geht sanft über die Berge, liegt sofort ruhiger, setzt zuweilen aber, wenn es ein wenig zu viel Fahrt aufnimmt, hart in die Täler.

Der Wetterbericht ist weiterhin schlecht. Ich frage mich, wie lange das Gegenangeballer noch gehen soll.

Dann sichte ich im Morgengrauen die Berge von Norwegen und entschließe mich, irgendwo zwischen den Schären Schutz zu suchen. Meine Besatzung, von der sich immer noch niemand sehen läßt, wird es mir gewiß danken. Mein Freund Klein kommt an Deck. Der Gute! Welch ein Gefährte, welch ein Freund, mit dem gemeinsam ich jetzt durch die Steine mit Augennavigation auf die Küste zu halte. Ich brauche nichts zu sagen. Wir beide verstehen uns auch ohne Worte. Wir haben solche Kurse in Grönland schon öfter gesteuert, wenn Eis oder Schneetreiben dazukamen. Oder vor Spitzbergen in Nässe und Kälte. Und jeder für sich allein auch auf den großen Schiffen, als wir noch bei der Hapag im Dienst waren.

Der Anker fällt in einer kleinen Bucht, an deren Ufer Häuser mit gepflegten Gärten und Bootsstegen die typisch südnorwegische Urlaubslandschaft vorführen. Ganz ruhig ist es hier und warm in der Morgensonne. Aber für all die Schönheit habe ich nach fast vierundzwanzig Stunden auf den Beinen nicht allzuviel Blick. Frühstück und zu Bett heißt mein Ziel! Zum Mittagessen, das wir draußen an Deck einnehmen wollen, soll man mich wieder wecken! Ein paar Stunden Schlaf geben mir meinen Tatendrang zurück, und schon vor dem Essen bin ich wieder an Deck. Wir sind schließlich in wichtiger Mission unterwegs und haben uns ein hohes Ziel gesetzt. Wer nach Jan Mayen will, darf hier nicht so einfach rumgammeln. Also Anker auf und Schärenslalom im Schutz der Steine und der Küste an Mandal vorbei und Lindesnes voraus. Dort kann man nicht mehr »innen durch«, dort gibt es leider keinen Schutz.

Der Wind frischt auf. Gischt weht von den Kämmen. Mein Freund Klein glaubt, Gegenstrom festzustellen, und dann kommen wir unter Maschine kaum noch vorwärts.

»Ach, Jan Mayen! Wie gern würde ich dir näher kommen, aber es gibt keine Wahl, und Terminsegeln ist nun mal Mist.«

Abbiegen also endlich und wieder zwischen die Steine. Vare heißt die kleine Schäre, die ich mir ausgucke. Die Insel hat eine winzige Bucht, und die ist dann tatsächlich wunderschön. Genau zu Sonnenuntergang, der allerdings blendend von vorn kommt, geht's an die Klamotte. Welch ein Schutzhafen der Natur! Welch ein Paradies lockt zum Verweilen. Ganz langsam gleitet das Schiff durch die letzte Passage zwischen zwei Pfeilern aus Stein. Aber eine Motoryacht ist leider schon da. Wo schon einer liegt, geht man nicht ran, so heißt das ungeschriebene Gesetz. Rückwärts zieht der große Kat aus der Enge. Ein Mann auf den Klippen ruft allerlei, was ich wegen der Motoren nicht hören kann. Dann rasselt der Anker von *Sposmoker II* auf den Grund, elf Meter Wasser sind unter uns, und fünfzig Meter Kette sollten reichen. Traumhafte Stille und Kräuselwellen. Nur weit draußen sieht man die weißen Kämme und wegen der klaren Luft eine unendlich weite Kimm. Hier liegen wir gut. Ein Glas Wein für den Schlaf, dann sage ich gute Nacht. Denn bald nach Mitternacht muß ich den Wetterbericht über BBC-Radio hören.

Besonders gut sind die Aussichten nicht. Es wird wohl so werden, daß der Wind mit der Küste dreht und immer weiter von vorn kommt. Von Nordnordwest spricht man später. Aber zum Glück keine besonderen Stärken, und mit beiden Maschinen werden wir es vielleicht pakken. Es ist nicht gerade meine bevorzugte Art zu reisen.

Ich glaube nun mal daran, daß man mit dem Wind unterwegs sein sollte. Nicht umsonst heißt schließlich der Passat *»tradewind«*. Aber wer hat im Jahr 2001 schon so viel Zeit, daß er auf den richtigen Passat oder Monsun warten könnte?

Um vier geht der Wecker. Ich habe die Wache nachts schlafen geschickt, denn auf diesem geschützten Platz werden wir mit Sicherheit nicht vertreiben. Morgenstimmung à la Grieg. Beate hätte eigentlich Wache, so hole ich sie zu Hilfe und hieve mit ihr den Anker. Das mache ich schon seit ewigen Zeiten ohne besondere Anstrengung und meistens nur von Hand. Wenn Hand über Hand zu schwer geht, nehme ich die Schotwinschen und Beiholer zu Hilfe. Müßten hier nicht alle Gefährten hochkommen und mitziehen? Müßten nicht alle wach werden bei dem Lärm, den wir machen? Pustekuchen! Die schlafen oder bleiben ganz einfach liegen. Doch dann kommt Eggert und fragt, ob ich Kaffee möchte. Eggert hat Küchendienst an diesem Tag, und das Pflichtbewußtsein muß ihn an Deck getrieben haben.

Als der Anker oben ist, zeige ich Beate, wie man den Haken lascht. Dann lasse ich sie die Maschinen bedienen. Sie soll ja schließlich später allein mit meinem Freund Klein das Schiff bewegen, wenn die Alpinisten den Beerenberg angehen. Die Gute war bereits ein paarmal mit auf *Sposmoker II*, und klug, wie sie ist, hatte sie das Manövrieren sowieso gleich drauf.

Später fragt Eggert Beate: »Wo legen wir an zum Einkaufen?«

»Da mußt du den Skipper schon selber fragen.«

Ich antworte, daß außer Wasser alles an Bord ist und daß es vermutlich auch mal regnen wird.

»Aber einkaufen wäre doch schön. Frisches Obst und Gemüse vielleicht. Und dann könnte man möglicherweise auch duschen.«

Ach, sage ich, wer sich wäscht, gibt nur zu, daß er dreckig ist.

Mit Augennavigation geht es zwischen den Schären hinaus auf See, und Lindesnes wird nahebei gerundet. Offene Boote mit Anglern sind unterwegs, schaukeln in einer alten Welle vom Sturm des Vortages. Angenehm kann das Gedümpel wirklich nicht sein. Was müssen diese armen Männer für Drachen zu Hause haben, daß sie all die Unbilden ihres Sports auf sich nehmen? Nach Lindesnes steuern wir unter Maschine an der Küste entlang und an Lista vorbei, bis wir kurz vor Mitternacht Fallstein Feuerturm passieren. Was für ein wunderbares Land! Faszinierend der Gedanke, daß dieses herrliche Norwegen den ganzen langen Weg immer weiter bis zum Nordkap an Steuerbord liegen könnte. Viele Sommer möchte man hier zubringen, die unzähligen Fjorde und Buchten besuchen und mit freundlichen Menschen Freundschaft schließen. Und das Gerücht, das den vielen Regen und das schlechte Wetter prophezeit, stimmt noch am wenigsten. Wunderbare Sommer habe ich hier genossen. In Tromsö, immerhin nördlich vom Polarkreis, konnte ich noch im September im T-Shirt draußen essen.

Michael als Landratte möchte alles wissen über den Lotsenberuf und referiert, ich habe es nicht anders erwartet, die beiden Klischees, die mir immer wieder über den Weg gelaufen sind. Das erste: »Ach, die Lotsen verdienen doch so viel.« Von der Leistung wurde dann selten gesprochen. Es ist nun mal nicht jedermanns Sache, immer größere Schiffe in immer enger werdenden Revieren durch Nebel, Dunkelheit oder Schneetreiben zu jagen. Der Tiefgang im Grenzbereich! Auf der Flutwelle reiten müssen, komme, was da wolle! Ein hoher Anteil an schlecht ausgebildeten oder unmotivierten Besatzungen und schrottreife Eimer mit versagender Technik, all das verlangt starke Nerven und schnelle Reaktionen. Die wenigen Unfälle sind unter den gegebenen Umständen entweder ein Wunder oder Zeugnis für das große Können der Piloten überall auf der Welt. Und auch von dem zweiten Vorurteil hat Michael schon gehört: daß der Lotse nämlich keine Verantwortung hätte. Die sei ganz allein beim Kapitän. Ich versuche ein wenig aufzuklären, indem ich ihm klarmache, daß jeder Lotse für seine Handlungen oder Unterlassungen verantwortlich ist. Und bei Unfällen, wenn sie denn doch einmal passieren, vor das Seeamt muß. Dafür gibt es schließlich ein Seeunfalluntersuchungsgesetz. Der Lotse kommt als ortskundiger Berater an Bord, doch selbstverständlich behält der Kapitän die Befehlsgewalt und die Verantwortung für Schiff, Besatzung, Passagiere und Ladung. Würde der Lotse das ganze Schiff quasi übernehmen, dann müßte er für Schäden auch Ersatz leisten können. Alle Lotsen auf der ganzen Welt würden sich gegen dieses Risiko, in Regreß genommen zu werden, versichern, und die Tarife würden unbezahlbar werden. Den Reedern würde es außer einer Kostenverlagerung nicht viel bringen, und deswegen gibt es eine Art stillschweigendes Übereinkommen, Lotsen nicht Haus und Hof zu nehmen, wenn es denn mal gekracht haben sollte. Erst in unseren Tagen, da Seefahrt nicht mehr ausschließlich von europäischen Eliten betrieben wird und auch dubiose Landratten aus den fernsten Winkeln des Globus auf dem Wasser wildern, gibt es eine Aufweichung in Sachen Haftung der nautischen Berater.

Eggert fragt nach der Praxis, und ich erzähle, daß im täglichen Geschäft auf irgendeinem Fluß oder Kanal in der ganze Welt sich die Frage nach Haftung, Verantwortung und Kompetenzen überhaupt nicht stellt. Der Lotse kommt nun mal als Helfer und nicht als Feind an Bord. Er will mit seiner genauen Kenntnis des Fahrwassers und in unseren Tagen immer häufiger auch mit der genauen Kenntnis von speziellen Vorschriften und Verkehrsregeln dem Schiff ganz einfach weiterhelfen. Dazu ist es üblich, daß er dem Rudergänger, so es denn einen gibt, die Kurse und Manöver angibt oder daß er mit dem Autopiloten fährt. Wenn ein Lotse, der im Normalfall selber Kapitän ist, auf einem Revier seit vielen Jahren zu Hause ist, dann wird er zwangsläufig einem ortsfremden Chinesen oder Brasilianer überlegen sein. Wir haben uns ja auch auf dem La Plata, beim Einlaufen nach Hongkong oder auf dem Mississippi den jeweiligen Lotsen anvertraut.

»Alles klar, Leute?«

Die Crew nickt, und ich habe das gute Gefühl, ein ganz klein wenig zur Aufklärung beigetragen zu haben.

Die Crew spricht vom letzten Weltkrieg und den Deutschen als Besatzungsmacht und daß man diese lange Küste nicht verteidigen könne. Dann kommen die Freunde irgendwie auf die *Bismarck,* und ich erzähle von dem Tiefseeforscher Ballard, der sich um ein weltweites Abkommen bemüht, das mit der Bewahrung der Schätze unter Wasser zu tun hat. Zuviel Räuberei gibt es in den Meeren unter den Tauchern, und die geltenden

Gesetze haben Lücken ohne Zahl. Von Ballard, erzähle ich, den ich im Hause Peter Tamm einmal live erlebte, wie der beeindruckende Mann von seiner Fahrt von Karthago nach Rom auf dem Grund des Mittelmeeres berichtete. Satellitenkommunikation machte es möglich, daß Schüler in Amerika zeitweise das Fahrzeug steuern durften, die Greifarme bewegten, die Scheinwerfer trimmten.

Nachts zieht ein Gewitter auf. Eggert ist auch wach und kann sich vor Begeisterung über riesige Wolkentürme fast nicht einkriegen. Der volle Mond macht einen silbernen Regenbogen, und dann plötzlich folgen Blitze und lauter Donner. Heftiger Regen und Gewitterwind überfallen uns. Um abzulenken, erzähle ich von der La Plata-Mündung und einem ganz schrecklichen Gewitter dort, mit Höllensturm und Blitzen im Sekundenabstand, die meinem belgischen Bootsmann Angst machten. Von Venezuela erzähle ich, wo über dem Maracaibosee jede Nacht in der Ferne ein Berg zu sehen war, auf dem ein Gewitter tobte. In der Vor-GPS-Zeit nutzten wir das Naturschauspiel zur Peilung und bekamen eine Standlinie. Zur Kunst der Navigation gehörte eben so mancher Kniff.

Die Wellen, die der Gewitterwind aufgeworfen hat, machen den Entschluß leicht, durch den Karmsund zu gehen. An diese Durchfahrt habe ich nur gute Erinnerungen, seitdem ich einmal westlich von Kopervik vor Nordsturm ablaufen mußte und dann ebenfalls innen durch und an Haugesund vorbei die Reise fortsetzte.

Noch am Anfang des Sunds kommt Beate auf Wache und ist von der Morgenstimmung ganz begeistert. Dann schwärmt sie von ähnlich schönen Morgenstimmungen zu Hause in Mecklenburg-Vorpommern. Eigentlich kenne ich sie nur als Morgenmuffel. Verändern die Schönheiten Norwegens die Menschen so, daß sie plötzlich um vier Uhr früh fröhlich sind?

Kopervik ist wie so viele Plätze in Norwegen vom Ölverkauf reich geworden. Dies war mal eine bitterarme Gegend, sagt mein Freund Klein. Hier gab es nur ein paar Bergbauern, Seefahrer und Fischer, aber heutzutage stellt man alljährlich im Sommer in Haugesund das längste Büfett der Welt auf, das von den köstlichsten Leckereien fast zusammenbricht. Das Leben ist nun mal eine Sinuskurve.

Um acht sind wir durch den Sund und steuern auf das Meer hinaus. Unendlich ruhig liegt der Atlantik vor uns und bestätigt mich, der ich immer sage, daß man auf See mehr Zeit gegen die Flaute kämpft als gegen den Sturm. Wir wechseln von den Segeln zu den Maschinen und sprechen über Wilfried Erdmann voller Bewunderung und Achtung vor seiner Leistung, ohne Maschine gegen den Wind nonstop um die Erde zu segeln. Die *Anita* fällt uns ein von der Segelkameradschaft Ostsee, ein alter Zwölfer, der ohne Maschine bewegt wird und auch schon in grönländischen Gewässern unterwegs war. Und was taten die Alten vor der Erfindung der Dampfmaschine? Vor wenigen Wochen hatte ich in Stockholm die *Wasa* besucht, wie jedesmal, wenn ich in der schwedischen Hauptstadt bin. Immer bestaune ich das für seine Zeit riesige Schiff und empfinde große Bewunderung vor der Leistung jener Kapitäne, die solch gewaltige Kästen in den schwierigen Gewässern nur mit der Kraft des Windes bewegten.

Michael ist heute der Koch und übertrifft sich selber.

Wir kreieren den Slogan: »Michael zaubert Geschmack in die Dosen.« Ein rundherum gelungenes Mahl, und nachmittags wäscht er sogar die Tischdecke. Die Crew lebt sich ein, und bis Jan Mayen werden wir das mit der verschworenen Gemeinschaft vielleicht hinbekommen.

In der Nacht versuche ich vergebens, BBC-Radio auf Langwelle zu bekommen. Ich bin aber nicht so versessen auf die Informationen. Wir haben ohnehin ein festes Ziel und müssen das Wetter nehmen, wie es kommt. Im Sommer ist mit Orkanen kaum zu rechnen, und sobald wir im offenen Atlantik sind, gibt es auch kein Unterkriechen mehr. Wie nannte ich jenen seltsamen Vogel doch gleich, der einmal von Amerika nach Europa mitsegelte? Atlantikmüller! Der Mann hatte ein kleines japanisches Radio dabei, in das er bei jener Überfahrt von West nach Ost von früh bis spät fast hineinkroch. Er hat während der ganzen Reise nicht verstanden, daß Wetterberichte uns auf einem Segelboot wenig Nutzen bringen. Die Tiefs ziehen nun mal schneller, als das Boot segelt. Schutz suchen kann man nicht und ausweichen ebensowenig.

Michael fragt plötzlich, wie lange ich auf dem Berg zu bleiben gedenke.

»Das habe ich doch genau festgelegt. Ich gehe von drei bis vier Tagen aus. Wenn das Wetter es erlaubt, möchten wir gerne in den Krater.«

Doch Michael hat Einwände. Er müsse Ende des Monats unbedingt zurück sein. Er habe mir am Telefon schon gesagt, daß er auf keinen Fall später als am 26. August auf der Rückreise in einem isländischen Hafen abgesetzt werden müsse.

Ich versuche, dem Mann klarzumachen, daß wir ganz am Anfang einer Reise ins Ungewisse seien. Man kann doch nicht auf eine Expedition gehen, übers Grönlandeis etwa, zum Südpol oder durch die Nordwestpassage und dann solch einen Termindruck mit sich herumschleppen. »Vielleicht müssen wir eine Woche beidrehen. Und ganz gewiß wird das Motto *savety first* heißen. Vielleicht müssen wir eine Woche warten oder länger, bis der Berg überhaupt machbar ist. Und ganz bestimmt werde ich nicht nur deshalb wegsegeln, weil jemand aus der Crew irgendwo irgendwann sein muß. Bei Grippe, Beinbruch oder Autounfall würdest du doch zu deinem Termin auch nicht erscheinen, Michael?«

Das Gespräch verläuft ohne Ergebnis irgendwie im Sande. Aber Michaels Termine beschäftigen uns während der nächsten Tage häufiger, weil der Wind weiterhin schwächelt. Wir können über weite Strecken mit nur geringer Fahrt segeln und müssen immer wieder auch die Maschinen mithelfen lassen.

Ich sitze gerade am Kopfende des Frühstückstisches, das ist genau über dem Motor, als ich durch einen Schlag von unten hochgeschleudert werde. Es rumst ganz schrecklich, und die Maschine steht. Was ist passiert? Vorsichtig versuche ich wieder zu starten und würge den Motor beim Einkuppeln sofort ab. Der Propeller ist blockiert. Diese Diagnose ist schnell gestellt, auch deshalb, weil ein langes grünes Netzteil, das in dem klaren Wasser deutlich zu sehen ist, mitgeschleppt wird. Das Ding muß losgeschnitten werden, da gibt es keinen Zweifel. Aber erst einmal werde ich zu Ende frühstücken.

Mein Freund Klein führt seit dem Auslaufen das meteorologische Tagebuch für den deutschen Wetterdienst. Von der Bewölkung bis zur Luftfeuchte, Temperatur und Wassertemperatur wird im vierstündigen Rhythmus ganz genau aufgeschrieben, was Sache ist. »Vierzehn Grad Wassertemperatur«, sagt er ganz cool. So etwas hätte mich als Junge nie erschreckt, weil ich in den Harzer Bergen aufwuchs und kaltes Quellwasser gewöhnt war. Später kamen dann die vielen Reisen in die Tropen und unter dreiundzwanzig Grad gehe ich eigentlich nie baden. Vierzehn Grad! Ich ziehe den Überlebensanzug an, ziehe alle Verschlüsse schön dicht an Armen und Beinen und instruiere die Crew, was ich vorhabe. Die Messer werden noch mal extra geschärft. Eine Sicherungsleine um die Brust und die Segel runter, damit das Schiff möglichst überhaupt keine Fahrt macht.

Michael kommt im Trockenanzug an Deck und will helfen. Wir werfen eine Lotsentreppe über die Seite, damit wir wieder an Bord klettern können. Dann springen wir in das Wasser, jeder mit einem Messer bewaffnet. Es ist bloß an den unbekleideten Füßen kalt, sickert dann langsam in den Anzug, erwärmt sich und läßt sich ertragen. Schwimmen und Tauchen waren schon als Junge meine Stärken. Aber der Anzug hat Auftrieb und behindert mich ein wenig auf dem Weg nach unten. Dennoch geht das Losschneiden eigentlich recht einfach, denn die Propeller sind in dem klaren Wasser sehr gut zu sehen. Bloß das Meer ist so schrecklich salzig, und weil ich ohne Brille tauche, brennt es ganz schön in den Augen. Zum Schluß klappe ich die Flügel des Faltpropellers zur Kontrolle auf und zu. Wir haben alle grünen Leinen entfernt und kehren an Deck zurück, wo die Crew begeistert in die Hände klatscht. Applaus ist das Brot des Künstlers!

Und ein wenig stolz sind wir schon, daß wir den Schaden so schnell behoben haben.

»Beate ist blitzgescheit.« Diesen Satz habe ich auf der Reise häufig gesagt oder gedacht. Immer wieder zeigt das Wundergirl, daß ich es richtig eingeschätzt habe. Jetzt hat Beate heißes Wasser in Mengen fertig, und eine köstliche Dusche aus dem Eimer ist genau das, was wir beiden Taucher benötigen. Der Anzug ist mittlerweile auch von innen naß. Da tut das warme Wasser besonders gut, mißt die Luft doch auch nur zwölf Grad. Ingrid rubbelt mich trocken, und in meiner Nacktheit denke ich, daß ich vor der Krankenschwester keine Scheu habe. Aber als ich die Frauen um ein bißchen Körperwärme bitte – dieses Mittel sei doch bei Unterkühlung so häufig empfohlen worden –, da muß ich betrübt feststellen, daß so weit die Liebe nun leider doch nicht geht.

Nach dem morgendlichen Tauchgang beschert uns der Wettergott zur Belohnung einen wunderschönen Tag. Blaues Meer, weiße Wolken, blauer Himmel, unendliche Sicht und zuweilen auch eine leichte Brise, aber die meiste Zeit kein Wind. Also lasse ich die Maschinen kurz laufen. Die Methode hat noch immer gewirkt, wenn es darum geht, eine kleine Brise anzulocken. Muß man nicht ganz einfach Geduld haben? Eine Dünung von Norden setzt sich durch. Das bedeutet, daß es irgendwo etwas stärker weht. Es heißt aber nicht unbedingt, daß wir davon profitieren werden. Wieder denke ich an die *Anita* ohne Maschine. Denke an Wilfried Erdmann mit seiner *Katena Nui* und welch unendliche Geduld solche Männer doch mitbringen müssen, welch faszinierende Seemannschaft aber auch dazu gehört, mit solchen Booten in extremen Gegenden unterwegs zu sein. Da gilt es ganz anders zu planen. Da gilt es den Strom zu berechnen, der einen vielleicht auf die Klamotten treibt. Man muß der Berufsschiffahrt weiträumig aus dem Weg gehen, der man ohne Motor hilflos ausgeliefert ist. Im Nebel ohne Maschine und ohne Wind auf einer Hauptschiffahrtsstraße! Etwas Schlimmeres kann ich mir kaum vorstellen. Vor Angst sterben würde ich, besonders weil ich weiß, wie es heutzutage zugeht auf einer Brücke.

Nachmittags ist auf UKW schon mal was Englisches zu hören. Eigentlich spricht man ja von sechzig Meilen Reichweite, aber meine Antenne ist zweiundzwanzig Meter über Wasser auf dem Masttopp angeschraubt. Und bei besonders günstigen Bedingungen gibt es faszinierende Überreichweiten. Als Lotse auf der Elbe habe ich schon Northforeland-Radio der Südostküste Englands gehört, und das sind immerhin über dreihundert Seemeilen. Ähnliches gibt es auch bei Fernsehsendern, was einige Technikfreaks zu einem ganz besonderen Steckenpferd verleitet hat. Da sitzt dann jemand in Schleswig-Holstein, fummelt auf den Frequenzen und zeichnet voller Stolz auf, daß er spanische, norwegische oder türkische Stationen empfängt.

Wir sind auf dem Tampa-Ölfeld. Nachts wirken die beleuchteten Bohrinseln wie kleine Städte. Wie viele Menschen arbeiten hier wohl mitten auf dem Meer? Die meterhohen Flammen erzeugen an der niedrigen Wolkendecke ein pulsierendes Licht. Aber wieviel Gas wird hier auch nutzlos abgefackelt! Darüber habe ich mich schon früher gewundert, wenn ich überall auf der Welt im Wasser und an Land diese Bohreinrichtungen sah. Im Roten Meer oder im Golf von Texas ebenso. In den fünfziger Jahren wußte man in Deutschland noch wenig von Erdöl, von Offshore-Einrichtungen oder den riesigen Ölfeldern Arabiens. Da staunte ich als junger Mann über die Berichte aus der amerikanischen Energiewirtschaft und verband sie mit meinen Gedanken um den deutschen Steinkohlebergbau. Irgendwie habe ich ja mit meinen Erkenntnissen nicht ganz schief gelegen.

Viele Bohrinseln haben ein Stand-by-Schiff für Notfälle und zur Versorgung. Und ab und an schlägt der Funkverkehr von den Brücken dieser Gefährte bei uns durch. Hier im Westen der Felder heißen die Heimathäfen Aberdeen oder Lerwick auf den Shetlands. Man spricht schottisch gefärbtes gutturales Englisch, das ich wegen seiner uch-uch-Laute besonders gern höre. Eigentlich fehlt nur noch gelegentliche Dudelsackmusik, die ich auch gerne mag.

»Wißt ihr, womit ich auf englischen Partys immer einen Lacher einheimse?«

Meine Crew sieht mich an.

»Ich frage in die Runde: *Do you know the German word for bagpipe?* Kennt ihr das deutsche Wort für *bagpipe*? Doodelsäck!!«

Kein Engländer, der dies nicht lustig fand.

Morgens gibt es Regenschauer und zum Frühstück schlechte Sicht. Ein müdes Lüftchen von ein bis zwei Beaufort läßt die durchnäßten Segel schlapp hängen. Da hilft nur die Maschine, und selbstverständlich ist bei solchen Bedingungen die Frage nach dem Enddatum der Expedition mal wieder zwingend. Michael spricht erneut von seinem dringenden Termin, den er auf keinen Fall versäumen darf. Nun bin ich mit *Sposmoker II* schon in zehn Tagen von Spitzbergen zur Elbe gesegelt oder mit dessen Vorgänger in elf Tagen von Grönland nach Cuxhaven. Würde das Wetter mitspielen, so müßten wir bald auf Jan Mayen ankommen, aber wenn ich ehrlich bin, muß ich zugeben: Wir sind eine Woche zu spät. Wir dümpeln auf den Ölfeldern östlich der Orkneys, und der Wetterbericht für die nächsten Tage verspricht auch keine durchgreifende Änderung. Von Nordwest ist die Rede, und genau dorthin wollen wir nun mal.

Mit Michael spreche ich ganz nüchtern über die Unwägbarkeiten der vielen Meilen, die noch vor uns liegen. Tagelanger Sturm kann uns aufhalten, den wir beigedreht abwettern müssen. Auch damit muß man rechnen. Wir checken wieder die Restmeilen bis zur Insel und kalkulieren, wann wir bei günstigsten Bedingungen dort sein können. Wir sprechen über Michaels Abbruch. Zum Aussteigen würde sich bei der augenblicklichen Wetterlage Ålesund in Norwegen anbieten. Ein ärgerlicher Umweg, der sorgfältig überlegt werden muß, schließlich macht man solch eine Reise nicht alle Tage. Wir vereinbaren eine Bedenkzeit bis fünfzehn Uhr. Dann möchte ich ein klares Ja oder Nein. Falls Michael sich zum Bleiben entscheidet, soll über die Ankunftszeit nie mehr gesprochen werden.

Das Wetter bleibt so mies, und vielleicht hat auch das zum Ergebnis beigetragen. Um drei dann die Entscheidung, die ich eigentlich anders erwartet hatte. Michael möchte aussteigen, weil das Risiko, seinen lebenswichtigen Termin zu versäumen, zu groß ist. Schade drum. Der starke, durchtrainierte Mann mit Bergerfahrung wird uns vielleicht fehlen. Dennoch: Ich ändere den Kurs auf Ålesund, und die Besatzung freut sich. Einkaufszettel werden geschrieben. Man beginnt vom Duschen zu träumen, und Beate kann sich gar nicht einkriegen in der wohligen Vorfreude auf lange rinnendes heißes Wasser.

Ein schöner Abend nach dem Durchgang der ersten Front. Das unglaublich blaue Meer mit seinem klaren Wasser ist leicht bewegt. Der Himmel sieht aus, als wären wir im Mittelmeer an seinen schönsten Tagen, aber die Luft hat nur elf und das Wasser zwölf Grad. Ich sitze auf dem vorderen Querträger und muß den Verlust Michaels erst verdauen. Hatten wir uns nicht bereits ganz schön akklimatisiert? Ich denke, daß für das Zusammenwachsen die gemeinsame Anreise gut ist auf solchen Expeditionen. Irgendwie gehen wir alle ganz anders miteinander um als noch vor einer Woche, bei der Abfahrt. Mein Gott, Stralsund! Wie weit liegt dieser Abschied zurück. Aber wie wenige Meilen sind das für den gemeinhin viel schnelleren Katamaran. *Sposmoker II* ist größere Distanzen gewohnt. Nur für deutsche Wassercamper, die nie über die Ostsee hinauskommen, wird eine Reise von Stralsund nach Ålesund etwas Besonderes sein. Beate reißt mich mit der Frage aus meinen Grübeleien, ob es Abzeichen, Stempel oder Medaillen in der norwegischen Station gebe. Ich bin ziemlich sicher, daß es so ist. Und für alle Fälle verspreche ich ihr eine Urkunde für die erste Stralsunderin, die auf einem Katamaran den Polarkreis überquerte.

Zum Abendbrot gibt es *shepherd's pie*. Das ist, wenn man es richtig macht, mit Kartoffelbrei überbackener Fleischboden aus Corned beef oder Hackfleisch. Das Gericht war ein absolutes Highlight auf meiner Non-Stop-Reise von Feuerland nach Cuxhaven mit dem Australier Richard Milne. Aber irgendwie hat Ingrid mein Rezept mißverstanden, und die Leckerei kommt nicht so besonders an. Dennoch ist die Stimmung gut, hat aber auch irgend etwas wie Erleichterung mit einem Unterton von Wehmut und Abschied. Und schon wieder wird geplant. Die Crew berechnet die Ankunftszeit in Ålesund und weiß noch nicht, daß solche Rechnerei nie etwas bringt. Da hilft es nichts, daß mein Freund Klein und ich ein ums andere Mal warnen, daß man immer zweimal rechnen müsse und daß wir längst noch nicht da sind. Die Crew weiß es besser. Vielleicht will uns deshalb Neptun während der Nacht zeigen, wer das Sagen hat.

Der Wind nimmt zu. Ich habe die Freunde schlafen geschickt und wechsle alleine auf die Sturmfock. Später muß ich das Groß reffen, weil es auffrischt auf sechs und sieben und vielleicht auch acht in Böen. Zusätzlich dreht der Mist auf Nordnordost. Und weil wahrscheinlich Strom gegen die See steht, gibt es viele brechende hohe Wellen. Ich segele naß, rase durch die Dunkelheit und versuche, hoch am Wind nicht allzuviel nördliche Breite zu verlieren. Ålesund ist jedenfalls nicht mehr zu machen. Der Hafen liegt zu nördlich von uns. Aber wenigstens geht es mit sehr viel Fahrt in Richtung norwegische Küste. Ich rechne schon, ob wir die ersten Felsen nicht zu früh erreichen, denn Tagesanbruch sollte es mindestens sein. Ohne Spezialkarten ist eine nächtliche Fahrt an der Schärenküste nun mal nicht witzig. Die Nacht vergeht mir wie im Fluge – ausgucken, navigieren, rechnen und eine gelegentliche Korrektur am Autopiloten. Wie oft bin ich so allein unterwegs gewesen. Herrliches schnelles Segeln ist das, und ein ständig irgend etwas fragender oder redender Macker würde wahrscheinlich nur stören.

Im ersten Büchsenlicht sichte ich überbrandete Felsen. Augen auf und mit der ganzen Kunst der Navigation zwischen die Klamotten! Bald haben wir ruhiges Wasser, und Eggert, der Tagesdienst hat, fragt aus dem Backbordrumpf, was ich zum Frühstück möchte. Ich bestelle Eier mit Speck und werde bestens bedient. Später werde ich übrigens hören, daß der Gute die ganze Nacht laut mit sich geredet hat und immer nur herumgewandert ist. Mein Freund Klein kommt an Deck, und im tiefen Wasser navigieren wir beide in die Richtung einer in der Ferne erkennbaren Stadt. Der Ort muß Florö sein. Näher gekommen, sehe ich einen Hafen mit Booten und halte mit flotter Fahrt drauf zu. Wir passieren eine enge Einfahrt, lassen einem auslaufenden Fischer den Vortritt und machen an einem winzigen Steg fest, wie man ihn für Daysailer und Motorboote benutzt. Große Schiffe müssen selten sein an diesem Platz. Aber vielleicht gibt es ja irgendwo noch so etwas wie eine Marina oder einen Gästehafen! Keine Seele weit und breit, außer einem Monteur im Overall, der an einem Hydraulikkran arbeitet. Nun bin ich auf jegliche Hydraulik nicht gerade gut zu sprechen, nach all dem Ärger, den ich im Laufe eines langen Seemannslebens mit solchen Anlagen hatte. Aber immerhin: Der Mensch ist freundlich, unterbricht seine Arbeit und beantwortet bereitwillig alle Fragen.

Es gibt einen Stadthafen in Florö. Wir sollten um die Halbinsel herumlaufen und die Augen offenhalten. Das Fahrwasser sei ohne Karte ein wenig tückisch. Aber großen Tiefgang hätten wir wohl auch nicht. Ja, man könne Diesel bunkern, und Duschen gäbe es auch, und vom Flugplatz verkehrten Maschinen nach allen Destinationen in Norwegen und der Welt. Ein wenig klönen wir über meine bisherige Reise, über Gott und die Welt und über die Weltlage im allgemeinen. Ich verabschiede mich freundlich und mit tausend Dank für die Infos. Und eile an Bord, auf daß wir die Halbinsel umschiffen und Beate endlich zu ihrer Dusche kommt.

Doch was passiert bei *Sposmoker II*? Eggert wirft eifrig ganz viele Gepäckstücke auf den kleinen Steg und ist so emsig bei der Arbeit, daß sogar ein Seesack ins Wasser fällt.

Ich schreie etwas von: »Moment. Halt! Warte mal. Wir fahren erst noch zum nächsten Hafen.«

Dann renne ich den Steg entlang, immer noch in der Meinung, daß es sich um Michaels Gepäck handelt. Endlich am Boot angekommen, fällt mein Mann der ersten Stunde mir um den Hals und wirkt wie aufgelöst. Er hätte die ganze Nacht nicht geschlafen. Er hätte sich alles richtig überlegt. Er hätte sich an Bord schon verabschiedet. Er könne auch hier ein Taxi nehmen. Mit Ingrid und mir alleine auf den Berg ... Der Rest geht unter.

»Nun mal langsam! Nun mal ganz ruhig! Wir fahren erst mal um die Ecke zum richtigen Hafen. Dort gibt es Bus und Bahn und Reisebüros und alles, was du sonst noch brauchst.«

Meine Worte beruhigen ihn. Das Gepäck fliegt wieder an Bord.

In solchen Situationen sind deutliche Befehle gefragt: »Klar bei Vorleine.«

Die Crew bewegt sich, und nach dem Seesack von Eggert kommt nun der nächste Wasserfall. Der Steg ist wirklich sehr schmal. Oder ist es die Aufregung? Michael nimmt unfreiwillig ein kühles Bad.

So wird sich die Dusche vor der Abfahrt wenigstens lohnen, denke ich und konzentriere mich auf das Ablegemanöver. Erst während der Fahrt um die Halbinsel wird mir die neue Situation so richtig bewußt. Nun wäre ich also mit Ingrid alleine auf Bergtour. Und dabei wollte sie immer den Michael dabeihaben, da er einen Teil ihres Gepäckes tragen sollte. Oh, oh, Gerd Engel! Nun mußt du dir aber was Kluges ausdenken. Dann stehe ich müdc, während mein Freund Klein steuert, am vorderen Beam und blicke auf die norwegischen Berge um uns herum. Was ist nun mit meinem so lange gepflegten Traum von Jan Mayen? Und immer wieder dieser eine Satz im Hirn: »Reisende Leute soll man nicht aufhalten.«

Im Zentrum von Florö liegt die deutsche Yacht *Norddeutsche Vermögen*. Wir winken uns zu, reden ein paar unverbindliche Floskeln und fragen nach dem neusten Wetterbericht. Dann ist Routine angesagt, Diesel bunkern, Wasser nehmen, duschen selbstverständlich und Einkauf im Supermarkt. Bevor ich endlich zum Schlafen unter Deck verschwinden kann, eröffnet Ingrid mir, daß sie nun auch aussteigen wird. Alleine mit mir auf dem Berg hätte sie Angst, und ängstliche Gefährten seien doch nur eine Belastung. Sie will gemeinsam mit Michael mit dem Schiff nach Bergen fahren und dann nach Hause fliegen. Reisende Leute soll man nicht ...

Als wir drei alleine sind, gehe ich mit Beate noch mal zum Einkauf und bedanke mich ausdrücklich, daß sie nicht auch aussteigt. Zur Belohnung gibt es für das letzte norwegische Geld einen großen Eisbecher, und vor dem Ablegen rufe ich meinen Freund Oli an. Commander Olafur Sigurdsson, wunderbarer echter Freund in Reykjavik. Haudegen und Seebär. Gestandener Mann und immer zur Stelle, wenn Rat oder Hilfe benötigt wird. Ich erzähle Oli von der neuen Lage und daß ich zwei isländische Bergsteiger benötige, die mit mir auf den Beerenberg kommen, und einen guten Seemann, der Klein und Beate während der Expedition unterstützen soll. Mit der sprichwörtlichen Ruhe des unterkühlten Nordmanns hört Oli sich die ganze Geschichte an, hat auch schon eine Idee und verabredet das nächste Telefonat mit mir. Er werde mal mit Oskar oder Karl sprechen. Was sind alles Geld und Gut der Welt für eine echte Freundschaft!

Das Auslaufen von Florö ist ziemlich negativ belastet. Beate und Klein wissen ja noch nichts von meinem möglichen Ausweg. Die Vorstellung, daß ich alleine auf den Berg gehe und die beiden das Schiff vor der Küste halten sollen, muß zwangsläufig Bedenken aufkommen lassen. Sorgenvoll sieht der Freund mich an, wirkt in sich gekehrt und recht nachdenklich. Muß ich schon fürchten, daß er als Nächster nicht mehr weitermachen will? Es wäre das erste Mal in vielen Jahrzehnten gemeinsamer Abenteuer. Um die Stimmung ein wenig aufzubessern, erzähle ich von der Fünftagevorhersage des Deutschen Wetterdienstes. Ich habe mir für die Strecke bis Island die Aussichten geben lassen, und die sehen wirklich gut aus. Schiebewind werden wir bekommen. Zwischendurch wird es auch mal ein wenig kräftiger wehen. Na also, das um drei Menschen und ihre Ausrüstung verringerte Gewicht wird den Kat auch schneller machen.

Wir steuern im geschützten Fahrwasser unter Maschine nach Norden, um Breite zu holen. Dann erreichen wir vor Dunkelwerden das kleine Nest Kalvåg. Ich meine, daß uns nach all den Aufregungen und nach der durchwachten letzten Nacht ein wenig Ruhe gut tun könnte. Wir werden einlaufen und hoffentlich bis zum Frühstück durchschlafen, so verkünde ich. An einem Schwimmsteg, von Häusern und hohen Bergen umgeben, machen wir fest. Dieser kleine Hafen ist wirklich sehr geschützt gegen Winde aus allen Richtungen. Meine beiden Gefährten sind immer noch schweigsam und scheinen schwer belastet. Um die Freunde nicht länger auf die Folter zu spannen, erzähle ich das Ergebnis meines nun schon zweiten Telefonates mit Reykjavik. In nur wenigen Stunden hat Oli seine Bekannten Karl und Oskar irgendwo auf der riesigen Insel erreicht. Die Männer haben zugesagt. Sie sind erfahrene Bergsteiger. Sie sind Mitglieder der isländischen Bergrettung. Und den besten aller Seeleute für das Handling des Schiffes und des Dingis während der Expedition habe Oli auch. Welch eine Erleichterung plötzlich an Bord! Die dunklen Wolken sind verflogen. Jan Mayen, wir kommen! Und »isländische Bergrettung« klingt ja nun wirklich sehr erfreulich ...

Nach dem Abendbrot mache ich einen Landgang ganz allein, grüße freundlich eine Gruppe von Männern, die ihren abendlichen Klönsnack vor der Kneipe des Ortes halten, wandere die schmale Straße ein Stück hinauf und begegne drei Frauen, die mich freundlich anlächeln. Nach längerer Zeit auf See ist die Nase für besonderen Duft auch ganz besonders empfänglich. Die Damen sind schon viele Meter hinter mir, als ich das köstliche Parfüm immer noch schnuppernd in mich hineinziehe. Jetzt noch ein wenig zarte Haut und runde Formen; aber man kann nicht alles haben, und an diesem Tag hat mich das Schicksal, trotz des Schocks am Morgen, doch reich beschenkt. Wunderbarer Oli, schönes Island, das ich immer schon mochte!

Beim Herauskramen der Karten fällt mir ein Übersegler in die Hand, auf dem die norwegische Küste in Gänze zu sehen ist. Reisen bis zum Nordkap und zurück habe ich hier gemacht und kenne manchen Fjord bis zu seinem Ende. Auf der Bäreninsel war ich schon zweimal und auf Spitzbergen schon mehrfach. Dieses Land ist so voller Reize, daß ein Menschenleben nicht ausreicht, um die vielen Sommer zu genießen, in denen man hier immer neue Wunder entdecken könnte. Aber es ist nicht nur das Land. Es sind auch die freundlichen Bewohner, die diese lange Küste so reizvoll machen. Spontane Freundschaften und große Hilfsbereitschaft habe ich hier erlebt. Wildfremde Menschen luden mich zu sich nach Hause ein. Dann bleibt mein Blick an Bodö hängen, und ich denke an den Briefwechsel, der dieser Reise vorausging.

Zunächst galt es herauszufinden, wer überhaupt für unser Projekt zuständig ist. Natürlich gab es mehr falsche Antworten als richtige Hinweise. Erstaunlich auch mal wieder, wie wenig offizielle Stellen oder Behörden über die Rechtslage informiert sind. Nach einigem Hin und Her kam dann aber doch der Kontakt zum Politimesteren Bodö, Herrn Vivi Andorsen, zustande. In Deutsch und Englisch schrieb ich an den Polizeidistrikt Bodö mit der Bitte um die Erlaubnis, die Insel Jan Mayen im August ansteuern zu dürfen. Ich schrieb auch, daß ich »wettererlaubend« den Beerenberg besteigen möchte: »Mein Schiff *Sposmoker II* ist erprobt auf Reisen in die Arktis und Antarktis. Das Boot hat mehrfach den Atlantik überquert. Hat viele Stürme und drei Orkane über zwölf Beaufort ohne Schäden abgewettert. Die Ausrüstung umfaßt zwei Satellitenkommunikationen. Kurzwelle. UKW, GPS, Lo-Kata, EPIRB und andere Sicherheitsausrüstungen auf dem höchsten Stand.«

Weiter schrieb ich, daß ich lebenslange Erfahrungen mit extremen Reisen habe und ein Kapitänspatent für große Fahrt besitze. Die Teilnehmer der Expedition seien erfahrene Seeleute und Alpinisten des deutschen Alpenvereins. Eine Liste mit Namen fügte ich bei.

Nach dem ersten Brief gab es eine bange Wartezeit, bis Politimesteren Bodö auf Englisch antwortete: Ausländische Staatsbürger, welche die Insel Jan Mayen besuchen möchten, müssen vorher eine Erlaubnis der norwegischen Behörden beantragen, dargelegt in »Forskrift-om-Utlendingers Adgang Till Jan Mayen« vom 1. Juni 1962. Eine solche Erlaubnis kann vom Stationskommandanten auf Jan Mayen für einen Besuch bis maximal vierundzwanzig Stunden gegeben werden, vom Polizeichef in Bodö für einen Besuch bis maximal eine Woche und vom Justizministerium für Besuche länger als eine Woche. Ehe der Polizeichef in Bodö entscheiden kann, ob er eine Erlaubnis erteilt oder nicht, werden weitere Informationen benötigt: Namen, Geburtsdaten, Heimatanschrift und Nationalität aller Teilnehmer in der Gruppe. Diese Information wird auch benötigt von allen Teilnehmern, die während der Landexpedition auf dem Schiff bleiben. Der Antrag muß zusätzlich zu einer Begründung für die Anfahrt einen Fahrplan und eine Beschreibung der Transportmittel beinhalten. Ferner ist eine Garantie abzugeben für die geplante Unterkunft und die Verproviantierung zusammen mit Nachweisen von früher gemachten Erfahrungen in einer arktischen beziehungsweise antarktischen Umgebung. Die Möglichkeiten der Hilfe oder Unterstützung in Notfällen sind auf Jan Mayen begrenzt. Jan Mayen hat keinen Hafen. Und wegen des rauhen Klimas ist es sehr schwierig, vor der Küste zu ankern. Die Station auf Jan Mayen hat keine Möglichkeit für Rettungsaktionen, eine Verbindung mit dem Festland (Flugzeug oder Boot) kann zuzeiten wetterbedingt unmöglich sein. Rettungsaktionen vom Festland können weder garantiert noch erwartet werden. Aus all diesen Gründen muß im einzelnen erklärt werden, wie die Antragsteller mit eventuellen Notsituationen auf der Insel umzugehen beabsichtigen. Insbesondere werden Angaben über die Möglichkeiten zur medizinischen Versorgung in der Gruppe erbeten, über die medizinische Ausrüstung, Rettungsmittel und Einrichtungen zur Kommunikation. Erlaubnis wird normalerweise nur gegeben für Expeditionen, die offizielle oder wissenschaftliche Zwecke verfolgen. Aus Sicherheitsgründen ist die Polizei sehr streng in bezug auf Erlaubnisse für irgendwelche Arten von Extremsportaktivitäten auf Jan Mayen. Unterschrieben wurde von Vivi Andorsen Lensmannsfullmektig.

Es folgte ein weiterer Briefwechsel, wobei ich mich bemühte, alle geforderten Unterlagen schnell und umfassend nachzuliefern. Ich habe während dieser Vorbereitungswochen den Ernst der ganzen Unternehmung deutlich vor Augen gehabt und begriffen, daß die Behörden gut beraten sind, wenn sie ihre restriktive Praxis beibehalten. Wie sich später zeigte, ist die Insel tatsächlich mit Vorsicht zu genießen. Die Schwierigkeiten der Anlandung durch die fast immerwährende Brandung und die häufigen Stürme sind aus gutem Grund von solch gestanden Seglern wie Fuchs oder Wilts dokumentiert worden.

Bauernnacht nennt es der Seemann, wenn man durchschlafen kann, nicht auf Wache muß oder zum Ein- oder Auslaufen aus dem Bett. Eine herrliche Bauernnacht in Kalvåg genießen wir, und morgens frühstücken wir so in Ruhe, als hätten wir alle Zeit der Welt, als wären wir ganz gemächlich auf einem Urlaubstörn. Eine heitere Stimmung ist an Bord, und irgendwie habe ich das Gefühl, daß wir uns jetzt besonders gut verstehen. Zwischen den vielen Steinen geht es dann in Richtung Westen. Das Lot ist eingeschaltet, die Brandung zeigt die Felsen, und dann kommt auch noch ein Fischer entgegen, auf dessen Kurs wir gefahrlos auslaufen können. Wie oft hat mir schon ein Fischer geholfen! Wie oft habe ich mich vor einer Einfahrt treiben lassen und auf ein einlaufendes Fahrzeug gewartet, um mich dranhängen zu können. Sogar mit den großen Frachtern haben wir manchmal nach Fischern und Bohrinseln navigiert, als es GPS noch nicht gab.

Auf See weht es aus Nordwesten, und wir müssen erst mal nach Südwesten laufen. Aber wir haben ja den deutschen Wetterdienst, mit dem ich nur gute Erfahrungen gemacht habe. Auf dem letzten Non-stop-Einhandtörn von sechs Monaten haben die Meteorologen sich zum Beispiel ein einziges Mal nur einen Tag lang geirrt. Kann man sich noch genauere Wetterberichte wünschen? Wir werden unseren Schiebewind nach Island schon bekommen. Bevor das Mobiltelefon auf See kein Netz mehr hat, telefoniere ich dann noch mal mit Oli, um die ungefähre Ankunftszeit durchzugeben. Die drei Männer werden warten. Wir verabreden das nächste Gespräch während der Passage der Shetlands.

Wieder geht es durch die Ölfelder, die wir jetzt mit

flotter Fahrt rasch passieren. Eine neue Wacheinteilung ist erstellt, und Beate hat jetzt ihren eigenen Törn. Zum Glück macht sie ihre Sache richtig gut. Ist schon ein tolles Mädchen! Kuttersegler sind nun mal ganz besondere Seeleute, und wenngleich Beate noch nie auf einem großen Schiff selbständig Wache gegangen ist, so ist sie doch wenigstens schon häufig auf See gewesen. Zu unser aller Sicherheit hat sie strikte Order, mich bei der geringsten Unklarheit sofort zu wecken. Um es vorwegzunehmen, das System hat während der ganzen Reise wunderbar funktioniert.

»Das Unglück schläft nicht«, auch so eine alte Lebensweisheit, die ich achte. Ich bin kein, wie die Engländer es nennen, *worrying type,* der ständig nur an alle möglichen Gefahren denkt! Aber aufpassen muß man schon. Wie oft sind während der vielen Meilen, die ich auf dem Wasser gereist bin, Schäkel gebrochen, Segel gerissen, Bolzen herausgefallen. Glück im Unglück, wenn eine Maschine nicht gerade vor der trickreichen Einfahrt stehenbleibt oder der Anker nicht dann slippt, wenn die ganze Crew zum Essen an Land weilt. Am Morgen nach Kalvåg herrscht Schwachwind, als eines der Ruder zu schlagen beginnt. Eine Gewindestange hat sich ganz allmählich herausgedreht. Die Verbindung vom Hydraulikzylinder zum Ruder ist jetzt unterbrochen, und das schwere Ding schlägt kräftig im Wellengang gegen das Heck. So etwas habe ich auch schon während eines Orkans im Südatlantik erlebt. Damals war die Situation richtig dramatisch. Jetzt aber ist der Schaden nach ein wenig Fummelkram schnell behoben. Wir können wieder steuern, und als der Wind zulegt und dreht, auch ganz phantastisch segeln.

Mittags gibt es Nudeln, mit ganz viel in Butter gebratenem Knoblauch. Ein Festessen ist das für uns drei, die offenkundig, was Proviant angeht, allesamt pflegeleicht sind. Keine exotischen Gelüste. Die Kiste läuft, und die Shetlands bleiben an Backbord! Vielleicht ist ein Jonas von Bord gegangen, der vorher für Flaute und Gegenwind verantwortlich war?

Wir erzählen Beate, was es mit dem Ausdruck Jonas auf sich hat. Wenn in alter Zeit Wind und Wetter nicht mitspielten, wenn das Wasser in den Tanks verfaulte, der Proviant zur Neige ging und von Skorbut bis Pest ein Unglück nach dem anderen zuschlug, dann meinte das Schiffsvolk, einer aus der Besatzung sei ein Jonas, der Unglück bringt. Ein allgemeines Sich-Mustern setzte dann ein. Irgendeiner mit schwachen Nerven sagte dann vielleicht noch: »Was seht ihr mich alle so an?« Und wie es in einer Gruppe so geht: Eines Tages war der Jonas gefunden. Der Ärmste wurde dann kielgeholt. Eine ganz schreckliche Prozedur, weil die langsamen Segler früherer Jahrhunderte dick mit Muscheln bewachsen waren. Wer an Leinen unter dem Kiel hindurchgezogen worden war und nicht ertrank, dessen Haut wurde total zerschnitten. Das bedeutete, zu verbluten oder von den angelockten Haien gefressen zu werden. Kielholen war in der Praxis fast immer tödlich. Doch so seltsam es klingt: Wenn man auf einem Schiff den Jonas erledigt hatte, war es häufig mit der Unglücksserie vorbei. Man muß eben nur daran glauben.

Ich krame die Seekarte heraus, da wir die Shetlands nahebei passieren wollen. Lerwick ist die Hauptstadt, und als ich den Namen lese, denke ich an Lerwick und seinen Yachtclub. Bei meinen früheren Besuchen steppte dort abends der Bär ganz besonders wild. Vielleicht lag es am Bier, vielleicht auch am Erfolgserlebnis. Denn manch ein Yachtie war richtig stolz, weil er die Shetlands ersegelt hatte. Nach Lerwick möchte ich auch mal wieder. Als ich das laut denke, möchte Beate wieder mal duschen. Ich aber erzähle von den seekranken Wikingern, die während der großen Reisen mit Langbooten hier abgesetzt wurden. Wer nicht richtig rudern konnte oder pausenlos seekrank war, der mußte auf dem Weg nach Island und Grönland hier aussteigen. Und deswegen leben auf den Shetlands keine Schotten, sondern lauter Nachfahren von seekranken Wikingern.

»Was passiert eigentlich, wenn einer über Bord fällt?« Beate fragt das unvermittelt.

Und ich antworte als erstes mit meiner Überzeugung, daß es fast unmöglich sei, von *Sposmoker II* über die Kante zu gehen. Da müßte man wohl schon freiwillig springen. Der Katamaran ist fast immer aufrecht und macht angenehme Bewegungen, bei denen man sich nicht einmal festhalten muß. Es sind auch noch nie schwere Brecher über Deck gerollt, die einen Segler ins Verderben hätten reißen können. Bloß in den Köpfen einiger selbsternannter Fachleute geistert solch ein Unsinn herum, weshalb ich zu Anfang denn auch überall Augbolzen und Drähte haben mußte, auf daß man sich einpicken könnte. Nun sind die Themen Sicherheitsgurt, Automatikweste und Reling im Zusammenhang mit einem Katamaran ein so weites Feld, daß ich ein ganzes Buch damit füllen könnte. Die Praxis auf diesem Schiff zeigt, daß Landratten oder wenig geübte Segler nach kurzer Zeit auch in schwerem Wetter, ohne sich festzuhalten und ohne sich einzupicken, herumlaufen, weil sie sofort begriffen haben, daß derartige Maßnahmen absolut unnötig sind. Wer auf *Sposmoker II* Reling oder Haltegriffe fordert, der sollte, wenn er denn konsequent sein will, zuerst das gesamte Hindenburgufer in Kiel mit einem Geländer versehen oder die Pontons der Hamburger Landungsbrücken.

Nun bin ich allerdings vom ersten *Sposmoker* selber einmal ins Mittelmeer gefallen, als die Befestigung des vorderen Netzes brach. Und auf *Sposmoker II* ist ein Mann vom peitschenden Achterholer des Spinnakers in die Nordsee geschleudert worden. Wir haben den Unglücksraben nach zehn Minuten wieder an Bord gehabt, und ich war doppelt froh, keine Reling installiert zu haben. Gegen einen Seezaun katapultiert, wäre er von schwersten Rückgratverletzungen oder Querschnittslähmung bedroht worden.

Sehr schnelles Aufbrisen! Das Barometer fällt steil. Per UKW rufe ich die Shetland Coast Guard, um nach vorliegenden Warnungen zu fragen, und die Antwort klingt nicht gut. Von Beaufort um acht ist die Rede und eventuell in Böen mehr. Der Wind soll auf Westsüdwest drehen, welche Richtung für einen Kurs nach Island nun wirklich nicht wünschenswert ist. Ein plötzlich entstandenes kleines Tief tobt sich hier aus, und mein Freund Klein und ich bemühen die alten Weisheiten, daß, was schnell kommt, auch schnell geht. Wenn das Barometer so steil fällt, wie wir es auf dem Barographen sehen, dann wird es auch steil steigen. Es sind die kleinen bissigen Dinger, die einem oft nur für einige Stunden das Leben schwer machen. Es sind die riesigen ausgedehnten Tiefdrucksysteme, die manchmal den gesamten Nordatlantik bedecken, die dann auch zuweilen einige Wochen auf Position bleiben können.

Erst mal zur Küste, so heißt die Strategie. Auf dem Weg dorthin brist es sehr schnell weiter auf. Die See läuft hoch. Aber der wunderbare *Sposmoker II* reitet über die Wellen, daß es eine wahre Freude ist. Gischtfahnen stehen vorne an den Steven. Gischtfahnen an den Bugspitzen bedeuten mindestens fünfzehn Knoten. Es gießt in Strömen, und die Nässe kriecht mal wieder bis unters Ölzeug. Aber was für ein Schiff! Noch bei jeder Sturmfahrt hat mich dieses herrliche Boot begeistert, mit dem seine Konstrukteure sich ein Denkmal gesetzt haben.

Die Nordostecke der vorgelagerten Insel Väpper kommt aus dem Dunst. Die Sicht schätzen wir auf zwei bis drei Seemeilen. Urwelthaft, schemenhaft sind die Konturen nur dunkel zu erkennen. Menschenfeindlich ist plötzlich alles geworden, und wegen Strom gegenan läuft die See immer höher. Gischt weht sogar über den Hauptbeam. Schaum und Brecher sind um uns her, und die See kocht. Und da ist Beate, die diesen Wahnsinn zum erstenmal erlebt. Steht da ganz ruhig. Tut, als sei alles normal. Wirft die Schoten los und holt die Schoten dicht, als hätte sie nie was anderes gemacht. Hat sie überhaupt keine Angst? Bei der Frage denke ich an die vielen feigen Männer, die in solchen Situationen nur noch heulend weg wollten. Hat sie wirklich keine Angst? Nein, wird sie später sagen. Ich glaube ihr und denke, daß die Kuttersegler, die Beate an Bord nehmen, einen guten Fang gemacht haben.

Wir rasen an der Küste nach Norden. Höllenfahrt nennt man für gewöhnlich solche Segelei. Mein Freund Klein ist an der Karte und checkt die Position ständig mit dem GPS. Wir wollen unbedingt frei bleiben von den *overfalls* am Nordostkap. *Overfalls* sind die Stromkappelungen, die bei solchem Wetter sogar Frachtern gefährlich werden können. *Overfalls* haben mein Freund und ich im Pentland, das ist die Durchfahrt zwischen Schottland und den Orkneys, fürchten gelernt. Dort habe auch ich Angst gehabt vor den gigantischen steilen Wänden aus Wasser, in die unser gar nicht so kleiner Dampfer zuweilen einfach hineinstieß. Guter Abstand von der Nordostecke und den dortigen Kappelungen ist gefragt. Wir können es windmäßig gerade machen, können uns eben freihalten. Und dann müssen wir uns entscheiden, ob wir unterkriechen wollen oder mit dem Tief nach Norden jagen. Gespräch mit dem Deutschen Wetterdienst. Der Meteorologe weiß sofort, worum es geht. Der muß auch Segler sein, sonst könnte er unsere Situation nicht so sachkundig einschätzen. Westsüdwest neun und in Böen zehn erwartet man für die Nacht. Na also. Bei solcher Vorhersage kann die Antwort nur noch ankern heißen und im Landschutz abwarten, bis der Sturm vorbei ist.

Ich entdecke den Burra Firth, der für unsere Zwecke wie geschaffen ist. Ich studiere mehrfach die Karte nach anderen Möglichkeiten, aber dieser lange Schlauch, dessen Ende flach ausläuft, ist wirklich wie von der Natur für uns gemacht. Rum nach Backbord und nahe an die Küste, vor der tiefes Wasser ist. Eine steile Wand verliert sich oben in den Wolken am Eingang der schmalen Bucht. Dann treffen uns Fallböen wie Keulenschläge. Ich fahre die Schot aus der Hand und fühle die Beschleunigung, wenn das Boot sogar jetzt, wo es schwer beladen ist, rasant anspringt. Teufel auch, was für ein Höllenwerk ist diese gewaltige Szenerie. Kurze Zeit können wir noch anliegen in der Mitte der Bucht. Dann heißt es Maschinen an, auf daß wir zum Ankerplatz streben können. Der Steuerbordmotor streikt! Da nützt kein mehrfaches Drehen der Schlüssel oder Drücken auf den Starter. Es rührt sich nichts, und nur mit der Backbordmaschine und äußerster Kraft auf dieser Schraube komme ich meterweise gegen die Höllendüsenwirkung von vorn gegenan. Voll! Volle Kraft! Zwischendurch versuche ich, den Steuerbordmotor zu starten. Ich kann das Boot kaum halten, kann kaum steuern, aber diese Bucht ist mir nun mal lieber, als auf See reparieren und treiben zu müssen. Meter für Meter nur kommen wir vorwärts. Es wird langsam dunkel. Im letzten Büchsenlicht sehen wir Vögel, die gegen den Sturm ankämpfen und ebenfalls von Böen herumgeschleudert werden. Grüne Wände an den Seiten, steile Wände, die bis in die Wolken reichen. Welch eine Urwelt, durch deren Höllenschlund wir nach endlos scheinenden Minuten etwas ruhigeres Wasser erreichen. Ganz langsam voran mit einer Maschine. Zeitweilig treiben wir ab, können nicht steuern, weil die Fahrt aus dem Schiff fehlt, und endlich irgendwann dann am Ende des Burra Firth: »fallen Anker« auf zehn Meter Wasser. Ich stecke die ganze Kette aus und bringe zwei Leinen von den Steven zur Ankerkette aus gegen das Schwoien. Wieder einmal geschafft! Glück gehabt und auf dem letzten Drücker noch weggekommen.

Nachdem wir innerlich ein wenig zur Ruhe gekommen sind, genießen wir das Abendbrot ganz besonders. Draußen heult der Sturm, und die prognostizierten Böen mit zehn Beaufort werden schon gestimmt haben. Ein Glück, daß wir nicht treiben und mit nur einer Maschine den Anker aufnehmen müssen. Und danke, lieber Gott, daß du uns die Shetlands zu rechten Zeit in den Weg gepackt hast. Es wäre zwar jetzt auf See auch keine Gefahr. Das Schiff hat schon schlimmeres Wetter überstanden, aber ungemütlich und unbequem wäre es ganz bestimmt geworden. Wenn der Anker hält, sind wir hier richtig fein raus. Ständige Kontrolle, bevor wir zu Bett gehen. Ich beschließe, daß wir keine Ankerwache gehen, werde mich aber selber in kurzen Abständen ständig um das Schiff kümmern. Dann stehe ich an Deck, kontrolliere die Peilung und finde, daß die Böen durch die Düsenwirkung hier drin manchmal richtig beängstigend sind. Dann zerrt der große Katamaran kräftig an der Kette, die beim Schwoien laut über die Steine poltert. Besonders leise ist das nicht in dieser Nacht, und dennoch sagt Beate am Morgen, daß sie die ganze Nacht durchgeschlafen hat und nicht ein einziges Mal aufgewacht ist. An dieser Frau ist ein guter Kapitän verlorengegangen.

Der nächste Tag ist ein Sonntag, und deshalb gibt es morgens Eier mit Speck und ein ausgiebiges Frühstück. Der Wind ist immer noch stark, und die See ist draußen sehr hochgehend zu sehen. Wir haben also Zeit und können es ruhig angehen lassen. Ich spreche mit der Shetland Coast Guard, die späteres Abflauen verspricht. Für den Vormittag aber haben alle Stationen noch starke Böen bis Sturmstärke zu vermelden. Also erst mal aufklaren und dann eine Dusche nach der bewährten Methode mit Eimer und Konservendose. Nachmittags werden wir frisch gewaschen weiterkönnen.

Nachts waren eine einzelne weiße Lampe an Land zu ahnen gewesen und die Konturen von einem Gebäude. Nun ist das Haus besser zu sehen und entpuppt sich als eine Schaffarm. Was sollte es sonst hier an der Nordspitze der Shetlands wohl anderes auch sein? Erste Sonnenstrahlen lassen die Wiesen kräftig grün leuchten, als ob dort das köstlichste Futter wachsen würde. Viele Schafe gibt es hier aber nicht. Ich muß an meine Zeit in Australien denken und an den Verfall des Wollpreises, der den Farmern von Downunder über Südafrika bis Argentinien zu schaffen macht. Aber »*our money grows on the sheep*«, unser Geld wächst auf den Schafen, sagte mir eine reiche Australierin mal, als es ihr noch richtig gutging.

Wetterinfos bekommen wir jetzt über UKW von der Küstenwache der Shetlands und per E-Mail und die Orbcomsatellitenanlage vom Deutschen Wetterdienst in Hamburg. Über den Tag werden die Aussichten immer besser. Aber mindestens bis zum späten Nachmittag müssen wir noch bleiben. Sollen wir einen Landausflug machen? Mit dem Boot hinüber zur Farm und ein wenig schnacken? Einladend ist das herrliche Grasland. Aber es gibt viel Arbeit am Boot, wo allerlei Kleinkram zu richten ist, und außerdem muß ich mich mit dem Fehler an der Maschine beschäftigen. Ich komme bald darauf, daß es an der Elektrik liegen muß. Irgendwo ist ein solcher Fehler, und nach einigem Suchen finde ich auch das lose Kabel, das wohl ein wenig luschig eingebaut wurde. Was hätte alles passieren können in der dramatischen Situation des letzten Abends! Und angenommen, es wäre zum Totalverlust mit drei Toten gekommen? Wer hätte die Ursache herausgefunden? Hätte man vielleicht sogar hämisch darüber geredet? Aber lassen wir dieses schwierige Kapitel. Mit dem Versagen der Technik hatte ich ja schon öfter zu tun.

Abends flaut es ab auf etwa sechs Beaufort. Auslaufen ist angesagt. Also Anker hieven, was bei solchem Wind von Hand nicht geht. Ich habe da meine eigene Methode, indem ich zwei Schotwinschen und Beiholer wechselseitig einsetze. Damit bin einhand auch in schwierigsten Situationen klargekommen. Ich muß dann nach etwa sieben Metern nur jeweils nach vorn, um das Ende neu anzustecken, mit dem ich die nächsten sieben Meter hereinwinsche. So mache ich das schon seit vielen Jahren und war erstaunt, als es in der Seglerzeitung »Yacht« empfohlen wurde, für den Fall, daß das Ankerspill mal ausfällt. Der Leser, der die Methode vorgeschlagen hat, muß auch schon mal Erfahrungen mit versagender Technik gemacht haben. Aber wozu brauche ich ein Ankerspill, wenn die Ersatzmethode genausogut funktioniert? Meine Kette ist übrigens an einem starken Augbolzen auf dem Hauptbeam eingeschäkelt, und zuweilen lasse ich sie auch bis dahin ausrauschen. War doch tatsächlich mal ein Kaffeesegler mit, der meinte, dies sei zu gefährlich ... Die Kette müsse angebändselt sein, damit man im Notfall schnell kappen könne. Ich habe in fünfzig Jahren mit extremsten Reisen in die entlegensten Gebiete noch keine Kette slippen müssen und noch keinen Anker verloren. Ach ja, diese Kaffeesegler!

Die Shetlandküstenwache macht einen Rundruf. Irgendein Schiff im Norden der Insel möge sich melden. »*Any boat in the vicinity of lamba ness pleace indicate?*«

Da niemand antwortet, melde ich mich und erzähle, daß wir in wenigen Minuten den Anker auf haben und was es denn gäbe. Es sei ein Wal gesichtet, sagt der freundliche Funker und erinnert sich auch an unsere Gespräche vom Vortag. Man hätte von Land aus etwas gesehen, das wie ein toter Wal aussehe. Vielleicht könnten wir ja mal nachsehen. Er mag uns dann aber den Umweg nicht zumuten, weil wir doch nach Island wollten und diese Position ein paar Meilen zurück sei. Aber ich beruhige ihn. Wir seien nicht auf einer Regatta, und Wale hätten uns schon immer interessiert.

Als der Anker hoch ist, geht es diesmal mit zwei Maschinen aus dem Fjord und auf Südostkurs um die Ecke, die am Vortag noch so furchteinflößend in den Wolken verschwand und uns mit Hammerböen fast kentern wollte. Oft ist es nicht vorgekommen auf diesem Schiff, daß ich die Schot aus der Hand fahren mußte. Welch ein Unterschied jetzt zur gestrigen Urwelt mit ihrem Mix aus Regen und Gischt. Ein freundlicher Sommernachmittag. Im Landschutz ist das Meer ganz ruhig. Die grünen Hügel von Shetland verlocken zu ausgedehnten Wanderungen und lenken uns dennoch nur kurz ab bei der Suche nach dem treibenden Wal. Wir steuern die GPS-Position an, die man uns gab, berechnen auch den Strom und die Drift und suchen mit den Ferngläsern. Aber weder toter Wal noch treibender Container noch gekentertes Schiff, die allesamt eine gewisse Ähnlichkeit in der Kontur aufweisen würden, sind zu entdecken. Abmeldung bei der Küstenwache, die sich viele Male bedankt und uns mit guten Wünschen auf die Reise schickt.

Wir starten mit einem Reff im Großsegel und der Sturmfock. Eigentlich ist das mehr eine Vorsichtsmaßnahme, und bald müssen wir auf die Arbeitsfock wechseln, weil wir sonst doch zu wenig Fläche fahren würden. Dann kommen wir aus dem Schutz der Insel, und der Wellentanz beginnt, und Gischt fliegt übers Deck, und *Sposmoker II* rast los. Das Mädchen ist tapfer dabei und beeindruckt mich wieder. Dies ist Blauwassersegeln im Nordatlantik.

»*What makes her tick?*« fragt der Engländer bei solcher Gelegenheit, und ich sinniere ein wenig, was wohl Beates Motive sein könnten. Lockt sie das Abenteuer? Hat sie, so klug, wie sie ist, diese Reise als eine einmalige und nicht wiederkehrende Gelegenheit begriffen? Oder segelt sie ganz einfach so gerne? Ich freue mich jedenfalls, daß Beate dabei ist.

Nachts trifft uns ein böser Hack in der alten Welle. »Schiff macht krumm«, sagte bei solcher Gelegenheit ein spanischer Matrose immer, den ich mal in der Besatzung hatte. Beate fliegt unter die Decke, lernt auf solche Art die Unbilden der Blauwassersegelei kennen und ist morgens ungnädig. Es sei ihr verziehen. Eine alte Welle nach einem Sturm bei abflauendem Wind ist niemals angenehm. Das Geschlacker ist dennoch auf einem Kat besser zu ertragen als die Hölle, die man jetzt auf einem Mono erleben würde. Ich kenne beide Arten, über das Meer zu reisen, und weiß schon, warum ich lieber auf mehreren Rümpfen unterwegs bin. Der Wind geht weiter zurück, und das Meer hat Löcher. Die Segel stützen nicht mehr, und zuweilen werden die Verbände ganz schön rangenommen. Wie hieß doch der erste deutsche Satz, den mein australischer Bootsmann Richard auf unserer gemeinsamen Reise lernte: »Jedes Wetter ändert sich irgendwann.« Auch dieses Wetter beruhigt sich. Die Farbe des Meeres wechselt in tiefes Blau, Ostwind setzt sich durch, Schiebewind treibt uns gen Island. Ein ruhiger Nachmittag mit warmer Sonne. Wir beginnen zu trocknen und zu lüften.

Für die großräumige Routenplanung benutze ich eine

Karte des gesamten Nordatlantiks. Wie viele Reisen habe ich schon in diesem riesigen Gebiet nördlich des Äquators unternommen, in dem ich, genaugenommen, schon seit 1952 immer wieder unterwegs bin? Was habe ich nicht alles gesehen! An allen Küsten habe ich mich rumgetrieben, und doch gibt es noch viele Häfen, die ich besuchen möchte. Vielleicht hat es mit meinem Beruf als Lotse zu tun, daß ich Fahrwasser und Ozeane immer auch als Relief begreife. Lotsen, das Wort hat ja mit Lot zu tun, interessieren sich nun mal besonders für Wassertiefe. So wandert der Blick am Mittelatlantischen Rükken entlang, der sich am unteren Rand der Karte fortsetzt bis zur Antarktis. An dieser gewundenen Linie dringt das Magma durch die sich öffnenden Spalten nach oben und füttert das unterseeische Gebirge aus dem flüssigen Erdinneren. Nord- und Südamerika und die eurasische und afrikanische Platte treiben auseinander, seit ein riesiger Kontinent während der letzten zweihundert Millionen Jahre in Platten zerbrach, die sich voneinander fortbewegen. Das geht nicht ohne Erschütterungen, sprich Erdbeben, ab, von denen die Menschen an der Oberfläche kaum etwas mitbekommen. Ebensowenig wie von dem Vulkanismus auf dem Boden des Meeres. Aber an einigen besonders aktiven Stellen haben sich Inseln vulkanischen Ursprungs gebildet, von denen Jan Mayen eine ist. Vom Kratersee der Insel Deception, einer der Südshetlands in der Antarktis angefangen, habe ich sie entweder besucht oder bin ganz nahe daran vorbeigesegelt. Tristan da Cunha habe ich im Frühjahr 2000 besucht. Sankt Helena ließ ich an Steuerbord und ankerte vor Ascension. Die Azoren lief ich an, wo nicht lange vor meinem Besuch ein schlimmes Erdbeben gewütet und das so viele in Jahrhunderten gewachsene Gebäude dem Erdboden gleich gemacht hatte. Auf Island war ich schon oft, wo der Ausbruch des Feuers unter dem Eis weltweit für Schlagzeilen sorgte. Feuer und Eis, Gletscherfeuer.

Die Geschichte der Erde vollzieht sich in längeren Zeiträumen. Dreißig Millionen Jahre hat es gedauert, bis die Teufels- oder Hölleninsel nördlich vom Polarkreis nach mehreren Vulkanausbrüchen über der Meeresoberfläche erschien. Und gewiß hat es noch etliche Jährchen gedauert, bis der Beerenberg auf Jan Mayen seine heute vermessenen zweitausenddreihundert Meter erreicht hatte. Formschön und vom Gletscher bedeckt ist der kegelförmige Vulkan zum Wahrzeichen der Insel geworden und mit dem Namen Jan Mayen unlöslich verbunden. Ob wir den Berg wohl zu sehen bekommen werden, über dem ewig mit Nebel verhangenen Eiland?

Islandwetter! Wir kommen flott voran im tagelangen Grau und im eintönig rinnenden Regen. Langanhaltende Nebelfahrt, während der wir korrekt Signale geben und die Wache doppelt besetzen. Aber wer kommt hier schon außer der Fähre oder einem einsamen Kreuzfahrer? Ich denke an andere harte Reisen nach Spitzbergen, nach Grönland, und kann mir die sechs Monate, die ich vor nicht langer Zeit einhand unterwegs war bis in die brüllenden Vierziger und zurück, kaum noch vorstellen. Dort kämpft Wilfried Erdmann jetzt gegen den Wind, und ich bin in Gedanken mit an Bord, auf der *Katena Nui*. Mit dem Wind ist es schon schlimm genug dort. Aber ewig gegenan?

»Verlorene Zeit im Leben«, sagt mein Freund Klein, und ich frage, ob das wirklich so ist. Wie wunderschön war doch meine Fahrt trotz aller Unbilden und aller Pannen. Möchte ich den Törn missen? Natürlich nicht, obwohl ich wegen dem Verlust des Riggs, dem Ausfall vieler Geräte und der Steuerung eine schreckliche Reise hatte, mehr bringen mußte als bei normalem Verlauf. Stolz war ich im nachhinein dennoch auf die Leistung, und wenn Lob aus berufenem Munde kommt, so tut es nach den Verwundungen der Seele durch solch ein Abenteuer schon gut. So sagte meine Freundin Gudrun Caligaro, die zweimal die Welt umsegelt hat: »Gut, daß du das Schiff nach Hause gebracht hast.« Sie kann die Leistung schließlich einschätzen, und ihr Lob hat mir geholfen. Da mögen sich Faxenmacher aufregen und von Scheitern sprechen oder mein wunderbares extremes Boot mit einer gelackten Yacht aus einer sommerlichen Marina vergleichen. An einigen Stellen habe ich unbehandelte Rotzeder verwendet, weil dieses Holz wetterbeständig ist und nicht gestrichen werden muß. Stand doch tatsächlich ein Klugschnacker auf dem Steg und regte sich auf über rohes Holz, sprach von rohen Brettern, und ich fragte ihn, ob er ein Teakdeck habe und wann er es zuletzt angestrichen habe. Leute gibt es!

Meine Art zu segeln ist bestimmt nicht für jedermann gemacht, und wie die *Freydis* der Wilts ist auch *Sposmoker* ein Gebrauchsschiff und keine Luxusyacht. Wenn ein Fischdampfer etwa nach Monaten auf den Neufundlandbänken in den Hafen kommt, dann sieht er auch nicht aus wie ein frisch gelackter Luxusliner. Auf die Substanz kommt es an, und die ist auf diesem herrlichen Katamaran in all den Teilen super, die von den Laien zusammengeklebt worden sind. Wenn man dann noch die richtigen Gefährten, wie meinen Freund Klein oder den

Australier Richard Milne als Mitsegler findet, dann kann man zu jedem Ort auf Erden, der auf dem Wasser zu erreichen ist. Aber zuweilen wünsche ich mir doch eine Gefährtin, die meine extremen Reisen mitmacht. Wobei ich weiß, daß solch ein Teufelsweib nicht so leicht zu finden sein wird. Eine lernte ich auf einer französischen Yacht in Feuerland kennen. Aber die Dame hatte schon sieben Männer und brauchte keinen Engel.

Das Satellitentelefon bringt mich in die Wirklichkeit zurück. Ein Hotel in Barth, das mich nach der Reise in Charter nehmen möchte, meldet sich. Die Verbindung ist schlecht. Die Antenne verliert den Satelliten, und wir müssen mehrmals von neuem beginnen. Dann verabrede ich, daß ich per E-Mail über Orbcom kommen werde, was etwas besser funktioniert, wobei man aber auf einen vorbeikommenden Satelliten warten muß. Orbcom arbeitet mit niedrigfliegenden Satelliten und Inmarsat mit geostationären. Und hier, wo in der Weite des Ozeans wenig Kundschaft zu erwarten ist, würde ich meine teuren Dinger auch nicht andauernd kreisen lassen. Deshalb kann es schon mal eine Stunde dauern, bis man eine Mail los wird, wogegen in europäischen Gewässern häufig die Antwort schon in Minuten da ist.

Nebel grau in grau. Der Radarreflektor schaukelt oben vor sich hin. Wer wird hier schon sein, um unser Echo auf seinem Schirm zu empfangen? Dennoch fahre ich genau nach Vorschrift, starre in die weiße Watte und erinnere mich an die einsamen Stunden vorne auf der Back des Kümos, auf dem ich als Schiffsjunge begann. Damals wurde noch von allen getutet, und in den viel befahrenen Fahrwassern oder vor den Einfahrten der großen Häfen war es zuweilen ein richtiges Konzert. Der tiefe Ton einer Dampfpfeife, von einem gewaltigen Riesen, wenn er sich nähert, war wie aus dem Himmel kommend. Das helle, heulende Jaulen eines Kriegsschiffes. Oder, eher elektrisch kühl, ein modernes Typhon auf einem modernen schnellen Motorschiff, das sich trotz null Sicht durch das Gewölk zu bewegen schien.

»Der muß Radar haben«, sagten wir dann bewundernd und wußten nicht mal ganz genau, was das eigentlich ist. Wir hatten nur mal gehört, daß man damit im Nebel gucken konnte. Wie sehr hätten wir uns so etwas gewünscht in den Zeiten unserer uralten Methode von Ausgucken und Horchen.

»Wo sind wir bloß?« Das war die zentrale Frage. Wir hatten nur ein Lot und einen alten Funkpeiler und liefen hier mal auf die Steine und dort auf den Dreck. Nebelkollisionen gab es ganz häufig in der Seefahrt, aber weil die meisten Schiffe dann doch langsam fuhren, liefen die Rammings meist glimpflich ab mit ein wenig Blechschaden oder einem Loch über der Wasserlinie. Als die Radargeräte sich durchsetzten und die Kapitäne meinten, nun könne man immer voll fahren, wurde es schlimmer, und die Totalverluste nach »Radarkollisionen« häuften sich schreckenerregend! Die Kapitäne konnten mit den neuartigen Dingern eben noch nicht richtig umgehen, mißdeuteten das Bild und befahlen die verkehrten Manöver. Heute sieht Nebelfahrt anders aus. Antikollisionsradargeräte erleichtern die Arbeit. Die Ausbildung ist perfekt, bloß gelten die alten Gesetze immer noch, nach denen man die Geschwindigkeit der Sichtweite anpassen muß. Aber kein Mensch hält sich daran, und alle nageln mit voller Fahrt, auch bei null Sicht, über die Weltmeere.

O segensreiches GPS, das uns ständig eine Position liefert! So wissen wir, daß wir am nächsten Morgen der Küste ganz nahe sein werden. Wie hat doch die Satellitennavigation die Seefahrt revolutioniert! Die Kunst der Navigation wird allmählich vergessen. Man kann auf Meter genau fahren und Straßen auf dem Meer einrichten, mit Mittelstreifen und Abzweigungen oder, wie zum Beispiel vor Rotterdam, mit Kreisverkehr. Von so etwas konnten wir nur träumen, als wir noch mit dem Sextanten und dem Chronometer nach Sonne, Mond und Sternen fuhren. Da preschte man im New-York-Verkehr über den Nordatlantik, ohne ein einziges Mal eine Position zu bekommen, denn dort ist im Winterhalbjahr der Himmel meistens bedeckt, und die Sonne läßt sich selten sehen. Wir nahmen den Englischen Kanal voraus, fuhren nach Koppelnavigation, das heißt: geschätzt, und bekamen einen sicheren Ort oft erst nördlich Cherbourg. Hunderte von Menschen an Bord und ein paar hundert Millionen Liter Wasser unter den Füßen und nur ein alter Funkpeiler, mit dem kein Staat zu machen war. Die Farbe des Wassers, der Flug der Möwen, die Nationalität eines einsamen Fischers oder der Kurs eines entgegenkommenden Schiffes lieferten Mosaiksteine im Puzzle. Wo sind wir bloß?

Alle meine Schiffe werden mit der Annäherung an einen Hafen schnell. Ich kenne diese Erscheinung seit vielen Jahren, von den Monos bis zu den Kats, die ich segelte. Aber vielleicht ist es auch nur Einbildung. Auf jeden Fall läuft *Sposmoker II* richtig flotte Fahrt, als wüßte die Kiste, daß wir bald sicher vertäut in Seydisfjördur sein werden. Der Nebel hat sich verzogen, und im letzten Dunkel der Nacht, die hier eh nur kurz ist, sind Feuer zu sehen. Trotz der sicheren GPS-Position zähle ich die Kennung aus. Dann bin ich ganz beruhigt und kann mich noch ein wenig hinlegen, während mein Freund Klein zur Einfahrt des Fjords schippert.

Als ich wieder nach oben komme, sind die isländischen Berge ganz nah. Mensch, Gerd, Island! Eigentlich nicht eingeplant, aber endlich Island, das ich von früheren Reisen her in guter Erinnerung habe. Hier gibt es freundliche Menschen. Hier gibt es Buchten und Fjorde ohne Zahl, und mehrere Sommer wären nötig, wenn man alle Reviere ganz genau erkunden wollte. Schnee liegt auf den Bergen. Es ist kalt in der frühen Morgenstunde, und ich bin gespannt auf Beates Gesicht, wenn sie an Deck kommt. Aber die scheint den Anblick als normal zu empfinden, saust aber gleich wieder runter nach der Kamera und läßt sich von uns mit dem Panorama im Hintergrund fotografieren.

Wir laufen weiter in den Fjord, und weil das Boot während der letzten Stunden so schnell war, haben wir bis zur vereinbarten Ankunftszeit die Muße, gestoppt zu treiben und alle zusammen unten im Warmen zu frühstücken. Was sind wir für ein gutes Team, denke ich. Dann läßt uns eine Wolke von Fischgestank an Deck nach dem Rechten sehen. Wir sind nahe ans Ufer getrieben, und irgendwo muß in der Nähe eine Abfallhalde oder eine Lachsfarm sein. Der Duft geht so schnell nicht aus den Kleidern, warne ich Beate, die die Nase rümpft und sich erst langsam an den Geruch gewöhnt, der uns während der letzten Meilen begleitet. Der ganze Fjord stinkt nach Fisch, und in Seydisfjördur an der alten Fabrik ist es am schlimmsten.

Zunächst aber bekommen wir Ärger mit einem

ankernden Krieger. Oli hatte schon erzählt, daß ein Schiff der Küstenwache einige hundert Meter querab der Pier vor Anker liegt, mit Taucharbeiten beschäftigt. Man hat ein Wrack aus dem Zweiten Weltkrieg geortet, ein englisches Kriegsschiff, das von deutschen Fliegern versenkt wurde und in dem noch Munition vorhanden sein soll. Wir sollen ganz dicht unter Land fahren und die Arbeiten nicht behindern. Mit meinem geringen Tiefgang schleiche ich selbstverständlich wenige Meter vom Ufer entfernt zum angegebenen Platz, werde aber dennoch sehr unfreundlich auf UKW angerufen und noch einmal angewiesen, so nahe, wie es irgend geht, am Ufer mit langsamer Fahrt entlang zu schleichen.

Den eigentlichen Grund des unfreundlichen Empfangs erfahren wir erst später. Es gibt eine neue Regelung des Schengener Abkommens: Alle Fahrzeuge, die Island ansteuern, auch Sportboote, müssen sich vierundzwanzig Stunden vor Erreichen der Küste melden. Da drängt sich natürlich die Frage auf, ob es hier um eine versteckte Ausrüstungspflicht geht. Es gibt schließlich kein Gesetz, das auf Segelyachten irgendein Gerät zur elektronischen oder Funkkommunikation vorschreibt. Dürfen die dann Island nicht anlaufen? Die Behörden denken sich so manches aus, was in der Praxis nicht immer funktioniert. Gleichwohl: wir haben ja alle Mittel zur Kommunikation an Bord und haben von dieser Regelung nur nichts gewußt. Unkenntnis schützt aber vor Strafe nicht. So ähnlich drückt der Funker sich aus, der in Ton- und Wortwahl ausgesprochen ungnädig wirkt. Muß wohl eine schlechte Nacht gehabt haben, der Mann, oder ein Morgenmuffel sein. Ganz plötzlich kommt aber eine andere Melodie in unsere Unterhaltung. Das Gespräch wird freundlich, und ich denke an einen Sonnenstrahl nach einem schlimmen Gewitter. Später werde ich erfahren, daß Oli in der Hauptverwaltung der Küstenwache in Reykjavik beim Kaffee saß und von dem Gespräch zwischen »seinem Schiff« und uns Kenntnis erhielt. Ein Wink von oben bewirkt doch immer wieder Wunder.

Die alte Holzpier der alten Fischfabrik sieht genauso aus wie von meinem Freund beschrieben. Fender raus und Leinen klar! Da kommt auch schon der Hafenmeister im Auto angeprescht, um uns persönlich zu empfangen und die Leinen wahrzunehmen. Er hat ein Formblatt mitgebracht, das wir ausfüllen sollen. Er wird auch den Zoll anrufen für uns. Als ich von Schengen spreche, macht er nur eine wegwerfende Handbewegung, die seine Meinung über Brüssel, Europa und noch einiges mehr verdeutlicht. Beide Maschinen aus! Wir sind angekommen, die Stille ist wohltuend, die Nasen gewöhnen sich an den Gestank, und Beate tut mit leid, weil sie nicht einmal Fisch ißt und eine generelle Abneigung gegen jede Art von Meeresgetier hat.

Auf der Pier ein großer Auftrieb jetzt. Mehrere Dienstfahrzeuge eilen heran, und eine Gruppe ernst blickender uniformierter Menschen entert *Sposmoker II*. Auch der Zoll spricht von Schengen, und der Boß schimpft auf Yachten, die sich um die Gesetze nicht kümmern und immer alles verkehrt machen. Ob wir wohl ohne Bußgeld davonkommen werden? Das nächste Problem ist dann der Alkohol, von dem wir, auf die kleine Crew bezogen, einfach zuviel an Bord haben. Wozu ist Beate Bürofachfrau? Sie stellt Listen auf, in denen Wein, Bier und andere Brände ganz genau mit Marke und Anzahl aufgeführt sind. Dann erfahre ich, daß alles versiegelt werden muß und eingeschlossen werden soll und erst nach Verlassen der isländischen Gewässer wieder angerührt werden darf. Aber wohin damit? *Sposmoker II* ist nicht mal abschließbar im Ganzen, geschweige denn haben wir verschließbare Schnapsschränke oder Gelasse. Wir einigen uns darauf, daß wir während unseres Aufenthaltes nichts von unseren Drogen anrühren dürfen und der ganze Kram bei Abfahrt wieder gezählt werden muß. Abfahrt? Wann soll das denn sein? Jetzt erzähle ich von unseren isländischen Freunden und vom Grund des Anlaufens und daß die Reise so schnell wie möglich weitergehen soll nach Jan Mayen. Das Zauberwort macht Eindruck. Die isländischen Freunde – Commander Sigurdsson als hochrangiges Mitglied der Küstenwache wird auch erwähnt – sorgen für einen Stimmungswandel. Das Klima wird freundlich, und sogar durch ihr hartes Leben ernst gewordene Männer können lächeln.

Nachdem der Verwaltungsvorgang beendet ist, spreche ich wieder mit Oskar und jetzt mit viel besserer Gesprächsqualität über das Mobiltelefon. Die Bergsteiger und der Seemann beabsichtigen, noch am Nachmittag einzutreffen, und sind durchaus damit einverstanden, daß wir dann sofort auslaufen wollen. Sie fliegen bis zu einem Ort in der Nähe und fahren den Rest des Weges mit einem Taxi. Die Leute werden mir immer sympathischer, denn wer so unkompliziert und flexibel auf eine solche Expedition geht, der wird auch während der bevorstehenden Abenteuer entschlossen und schnell das Richtige tun. Wie sie wohl sein werden, meine Gefährten, mit denen ich den Beerenberg besteigen möchte? Der Seemann, der mit den beiden Deutschen das Schiff halten soll, der vielleicht in Sturm oder Nebel tagelang um die Insel schippern muß – wie er sich wohl anstellen wird? Wir werden sehen.

Landgang ist angesagt! Zu meiner Überraschung quirlt der winzige Ort vor Leben. Hier liegt außer Fischgestank noch etwas anderes in der Luft. Und dann ist die Fähre draußen im Fjord zu sehen und erklärt die kilometerlange Autoschlange auf der Uferstraße. Die Kinder, die auf ausgebreiteten Decken Souvenirs anbieten, die geschäftigen Menschen in Post und Bank, warten auf die Fähre von Thorshavn. Wie wir hören, ist dies die vorletzte Abfahrt, und wer jetzt noch als Tourist mit seinem Auto zurück will nach dem Festland Europa, der muß Geduld mitbringen und wahrscheinlich auch ein bißchen Glück. Bei der vorherigen Abfahrt habe man Autos mit dem Kran auf das Bootsdeck gestaut, so hören wir. Die Fähre sei restlos ausgebucht gewesen, und Passagiere hätten auf Stühlen im Salon schlafen müssen. Übertreibung oder nicht? Als das Schiff angelegt hat, komme ich durch Zufall mit einem Engländer aus der kleinen Gruppe der Einzelgänger ins Gespräch, die so spät im Jahr noch nach Island reisen. Da höre ich eine Geschichte, die wohl auch den Superauftritt des Zolls bei der Ankunft von *Sposmoker II* erklärt.

Weit draußen im Fjord habe einer der Passagiere ein großes Paket über Bord geworfen. Der Vorgang sei der Brücke gemeldet worden, und von dort aus habe man dann eine einzelne Person mit einem Waterbike beobachtet. Man denke, mit einem Waterbike, in einem Fjord in Island! Auf Ideen kommen die Schmuggler! Man habe beobachtet, wie das Paket aufgefischt wurde und der Biker mit hoher Geschwindigkeit zu einem am Ufer stehenden Geländefahrzeug über das Wasser flitzte. Der Alarm an die Küstenwache sei selbstverständlich sofort Herausgegangen. Der Schmuggler einer großen Menge Heroin sei im sicheren Gewahrsam und werde bereits verhört.

Die Warteschlange ist wirklich viele Kilometer lang. Wenn man die Fähre sieht, muß man zweifeln, ob wirklich alle Fahrzeuge an Bord einen Platz finden werden. Aber angeblich sind noch immer alle Autos mitgekommen. Tatsächlich wirkt der Ort abends dann auch verwaist und leer. Wie ausgestorben. Durch das langsame Vorrücken der Fahrzeuge trifft man manchmal auf bekannte Gesichter, wenn man aus der Post, aus der Bank oder aus einem Laden kommt. Beate entdeckt sofort ein Auto aus der Hansestadt Stralsund. Mir fallen zwei Itzehoer Wagen auf. Bei Itzehoe habe ich dreißig Jahre gelebt, und fast bin ich versucht, die unbekannten Menschen anzusprechen. Und dann ist da diese Französin mit ihrer Tochter. Von Alter und Aussehen her müssen es Mutter mit Tochter sein. Geschwister gehen anders miteinander um. Ich sehe eine Frau in den besten Jahren, wie man so sagt. Die Dame fällt auf durch die Eleganz ihrer Kleidung, die zu normalen Islandtouristen eigentlich nicht paßt. Während sie bei den Stopps in der vorrückenden Kolonne aussteigt und neben dem Auto in der Sonne plaudert, bleibe ich wie zufällig stehen und genieße den Klang des geschliffenen Französisch. Einmal treffen sich unsere Blicke, und für ein paar Sekunden scheint es, als hätten wir uns eine ganz lange Geschichte zu erzählen. Oder geht meine Phantasie mit mir durch, und der schönen Mutter bin ich nur aufgefallen, weil ich nach der langen Überfahrt noch ein wenig ruppig aussehe? Zwei Stunden später, nachdem ich im Schwimmbad war, geduscht und rasiert bin, treffe ich die beiden noch mal im Supermarkt, und wieder finden sich unsere Blikke. Vielleicht haben wir doch beide gedacht, daß es schade ist, wenn unsere Kurse sich nur so ganz kurz kreuzen?

Recherchiert habe ich es nicht, aber ich denke schon, daß auf Island die Schwimmbaddichte pro Kopf der Bevölkerung die höchste der Welt sein muß. Auch die kleinsten Orte haben ein öffentliches Schwimmbad, und als deren beste Einrichtung empfinde ich die Hotpots und die Dampfbäder. Das heiße Wasser kommt direkt aus der Erde. Vielleicht muß man deshalb nicht sparsam damit umgehen. Die meisten Bäder haben Außen- und Innenbecken und mehrere kleine Bassins, auf deren Boden steinerne Sitze zum Verweilen einladen. Die Temperatur, sogar über vierzig Grad, ist an den jeweiligen Bekken angezeigt. Es gibt nichts Schöneres, als sich in dem heißen Wasser wohlig bis ins Mark durchwärmen zu lassen. Wer so lange im Nebelmeer gefroren hat, der genießt den Hotpot mit doppelter Freude. Als ich aufgewärmt, rasiert und geföhnt wieder auf der Straße stehe, kommt mir Island im Sonnenschein fast italienisch vor. Pizza gibt es im Supermarkt. Wir essen an Deck, und dann ist erst mal Mittagsschlaf angesagt, wollen wir doch abends schon nach Norden steuern.

Die neuen Gefährten sind da, und mit ihnen ein riesiger Berg von Ausrüstung. In *Sposmoker II* habe ich schon Material und Proviant für sechs Monate untergebracht, nun aber werden wir sechs Personen sein. Und dann dieser Berg aus Säcken, Taschen, Skiern, Zelten, Seilen und allerlei Kartons, die auf hochprozentigen Inhalt schließen lassen! Als das Lastentaxi ausgeladen ist, begrüßen wir uns erst mal richtig mit Handschlag, und ich finde die Burschen auf Anhieb sympathisch. Alle drei wirken standfest, rustikal, in sich ruhend wie viele Männer aus den nördlichen Breiten. Und wenn man meint, daß der erste Eindruck der Beste ist, so kann ich mit dieser Begegnung auf der Pier der alten Fischfabrik nur zufrieden sein. Oli hat eine gute Wahl getroffen und eine Überraschung eingebaut, die mich aufwühlt und umhaut zugleich. Der Seemann, den er mitgeschickt hat, ist sein Sohn, und davon hat das alte Schlitzohr während der ganzen Telefonate nichts erzählt. Oli junior war in der Küstenwache und der Berufsschiffahrt, ist auch noch Segler dazu. Wir sind uns noch nie begegnet, ich kenne nur seinen Bruder, der einen Fischdampfer fährt. Aber ich habe immer wieder von ihm gehört und weiß sofort, daß es einen Besseren nicht geben wird. Aber jetzt ist *action* angesagt, und das heißt: Gepäck verstauen und Kojen verteilen.

Die drei wollen noch mal einkaufen. Da bringt es nichts, daß ich von meinen vollen Beständen erzähle. Es sei genug zu essen für alle da, und zu trinken hätten wir auch genug. Erst als die Männer zurückkommen und noch mal ein Berg Kartons mit allerlei Bränden verstaut werden muß, begreife ich, daß sie sowohl an die Station auf der einsamen Insel gedacht haben wie auch an die Rückkehr und an die Möglichkeiten des zollfreien Einkaufs. Wer von seiner Regierung mit so hohen Abgaben geschröpft wird, der nimmt natürlich jede Möglichkeit wahr, wenn er dem Finanzamt ein Schnippchen schlagen kann. Verstanden habe ich es ohnehin noch nie, auch in Norwegen nicht, wie eine Regierung von ihrem Volk das

Zehn- bis Zwanzigfache des eigentlichen Warenwertes kassieren mag. Schamlos, solch legales Banditentum.

Ich möchte noch in den Mast. Weil ich dem Freund und Beate nicht zumuten will, mich hochzuwinschen, habe ich auf die starken Männer gewartet. Mit deren Hilfe ist es keine Schwierigkeit. Ich sause im Bootsmannstuhl hoch zum Topp, überprüfe das Rigg, habe ein neues Fall zu scheren und kehre dann zufrieden wieder nach unten zurück, in der Gewißheit, daß alle Bolzen, Schäkel und Splinte unbeschädigt sind und an der richtigen Stelle sitzen. Damit Oli junior zumindest hier im glatten Wasser das Dingi schon mal bewegt hat, bringen wir das Boot aus und lassen ihn mit Karl eine Runde drehen im Fjord. Der starke Außenborder bringt eine enorme Geschwindigkeit, bleibt aber weit draußen plötzlich stehen. Als die beiden zurück sind, muß ich ihnen erstmal erzählen, daß die Maschine nicht ständig mit Vollgas gefahren werden sollte. Dann bekommt sie nämlich Verdauungsprobleme. Ansonsten ist der Test zur Zufriedenheit aller verlaufen. Mit dem Fall holen wir Dingi und Außenborder wieder an Deck. Der Zoll wird per Telefon zum Ausklarieren bestellt, und die Wartezeit wird zum Abendbrotessen genutzt.

Mann, o Mann, haben die Kerle einen Appetit. Beate meint, die würden mir die Haare vom Kopf fressen, und ich muß ihr erstmal heimlich bedeuten, daß die meisten Isländer auch Deutsch verstehen. Der große Appetit ist aber auch kein Wunder, denn es gibt geröstetes Brot mit all den Köstlichkeiten, die wir im Supermarkt gefunden haben. Und schließlich sind die Männer ja auch von Reykjavik angereist. Es gibt Bier zum Abendbrot und eine ungemein lebendige Unterhaltung in einer Mischung aus Englisch, Deutsch und Skandinavisch, was einen Mix aus Dänisch, Schwedisch, Norwegisch mit isländischen Brocken bedeutet. Bevor wir vor lauter Genuß das große Ziel vergessen, notiere ich noch mal alle Vor- und Zunamen, Geburtsdaten, Adressen, Nummern der Pässe für ein Fax nach Bodö. Die neue Crew und die veränderte Ankunftszeit müssen selbstverständlich sofort gemeldet werden.

Der Zoll kommt in kleiner Besetzung. Welch ein Unterschied zum förmlichen und von Bürokratie durchtränkten Klima am Morgen und dem freundlichen Geflachse beim Verwaltungsakt zur Ausreise. Die nach der Ankunft so akribisch aufgestellte Liste und die Bestände will niemand sehen. Es wird viel gelacht, und Unterschriften und Stempel sind nur eine Formsache. Die Abmeldung bei der Küstenwache überlasse ich Oli junior, der auch gleich einen alten Macker an der Strippe hat aus der Zeit, da er selber auf den grauen Dampfern fuhr. Wir tuten drei lang zur Abfahrt. Ich dippe die Flagge vor dem grauen Dampfer, und die kleine Gruppe auf der Pier winkt noch lange. *Sposmoker II* motort in einen zauberhaften Abend über das glatte Wasser des Fjords. Kodakfalle. Die Filmkameras surren. Per Los werden die Wachen bestimmt, und ich erkläre das System.

22.15 Uhr verlassen wir den Fjord mit Kurs Jan Mayen. So steht es im Schiffstagebuch. Der Wind weht aus Süd mit Beaufort zwei. Die erste Nacht auf See soll die Bergsteiger nicht allzusehr schocken. Der Deutsche Wetterdienst hat allerdings sechs Beaufort prognostiziert für den nächsten Tag und zwar aus Westen, was einen Amwindkurs bedeutet. Später soll dann der Wind sogar auf Nordwest drehen, aber ein wenig abflauen. Die beiden

Landratten aus der neuen Besatzung fühlen am nächsten Morgen auch ein leichtes Unwohlsein. Die Meteorologen aus Hamburg haben wieder einmal völlig richtig gelegen und bekommen ein Extralob. Zum Glück dauert die Starkwindphase nicht allzulange. Wie vorhergesagt, schwächt der Wind ab auf drei Beaufort, und die Stimmung unter den Bergsteigern bleibt gut. Trotz einiger Opfergänge, besonders von Karl, können wir das Mittagessen sogar gemeinsam einnehmen. Wir lernen uns besser kennen, und wir Deutschen lernen auch, daß Isländer niemals bitte sagen, immer nur den Vornamen benutzen und niemals und auf keinen Fall ein »Sie« hören mögen. Isländer duzen sich immer, und die Telefonbücher sind auf die Vornamen sortiert. Donnerwetter, das habe ich auch noch nicht gewußt. Am späten Nachmittag wird das Meer immer ruhiger, und diese Wetterfrösche in Hamburg sind wirklich tolle Kerle und verstehen ihr Handwerk gut. Beate vermißt die Wale, was zu langen Gesprächen über Walfang führt. Der wurde 1905 in Island schon vom Parlament verboten. Vorher gab es viele Stationen, zu denen diese wunderbaren sanften Riesen nach dem Abschlachten zum Verkochen geschleppt wurden. Zuweilen wünschte ich mir schon die Macht, um bestimmte Grausamkeiten ändern zu können.

Weil ich vor großen Versammlungen ohne Manuskript frei Reden halten kann, gab es zuweilen Versuche, mich in die Politik zu locken. Die ist nun mal ein schmutziges Geschäft, wie jedermann weiß, und ich habe immer abgelehnt mit der Begründung, daß ich eines Tages vielleicht in die Situation kommen würde, in der ich meinen besten Freund hintergehen müßte. Aber der Knüppel liegt immer in der Hand des Täters, und als Nobody kann man die Welt wahrscheinlich nicht verändern. Ob Aufklärung etwas bewirken kann und die Industriefischerei global beendet, den Walfang stoppt, die Delphine vor dem Aussterben bewahrt?

Wieder erzählen mein Freund Klein und ich, welch ein quirliges Leben noch in den fünfziger Jahren unterwegs beobachtet werden konnte. Da wimmelte es auf dem Meer nur so von Fischen und allerlei Getier. Unmengen von Seevögeln flogen über den Wellen, und Schweinsfische sprangen in großen Schulen schräg in Richtung Kurslinie. Der Blas der Wale war ein vertrauter Anblick, und in den mächtigen Heringsschwärmen herrschte ein solches Gedränge, daß die obersten Tiere einfach an die Oberfläche gedrückt wurden. Der Himmel auf Haltenbanken vor der norwegischen Küste aber war schwarz verräuchert von unzähligen, noch kohlebefeuerten Seitenfängern, auf denen Männer die prallen Netze Masche für Masche über die Reling rissen. Abertausende von Menschen hatten Arbeit auf See und auf den Märkten an Land, bis die Industriefischerei begann mit den Frostern oder den schwimmenden Fabriken, die auf See den Fang schon in Dosen brachten und verkaufsfertig verpackten. Mein ganz persönliches Schlüsselerlebnis hatte ich 1998 bei den Falklands, als ich nachts die Lichter einer vermeintlichen Großstadt zunächst nicht zuordnen konnte. Die Erklärung: Japanische Thunfischer waren bei ihrem schändlichen Werk. Hunderte und aberhunderte von Schiffen hatten dort Förderbänder seitlich ausgeklappt, über die sie die kilometerlangen Leinen hereinhievten. »Laß es uns holen, bevor die anderen es bekommen«, heißt das Motto, und man muß fragen, wie lange dies noch gehen soll. Erst wenn es sich nicht mehr lohnt, wenn der Markt zusammenbricht, werden die wenigen überlebenden Meeresbewohner vielleicht noch eine letzte Chance bekommen.

Der Wind bleibt westlich, und wir holen nach Osten aus, um angenehmer segeln zu können. Die Bergsteiger sind viel in der Koje, kommen aber zu den Mahlzeiten heraus, die häufig in lange Gespräche münden über Gott und die Welt, wie man so sagt. Karl weiß viel von der Geschichte Islands und erzählt von den alten Sagen, in denen auch Jan Mayen erwähnt wird, von Vinland und von der grauen Vorzeit und den Wurzeln der Einheimischen in Vorderasien. Wenn seine Geschichten allzu blumig ausufern, fürchte ich, daß die Phantasie mit ihm ein wenig durchgeht und manches wohl streng wissenschaftlicher Nachprüfung nicht standhalten würde. Hochinteressant ist es aber gleichwohl, auch die Story vom grönländischen Inlandeis und dem weltweit operierenden Automobilkonzern, der dort angeblich ein großes Hotel unterhält und neue Typen testet. Geschichten aus tausendundeiner Nacht bringt man doch eher mit Arabien in Verbindung? Die Erzähler dort und in China genießen Weltruhm. Karl schlägt sie alle und hat dann wieder etwas auf Lager, wo ich das Körnchen Wahrheit selber kenne. Da ist die *lost squadron*, jenes Geschwader von Jagdflugzeugen, das während des letzten Weltkrieges auf dem Inlandeis landen mußte und dann allmählich immer tiefer eingeschlossen wurde. Fünfzig Jahre später haben einige Amerikaner Glück, Geld und Gesundheit eingebüßt bei den Versuchen, einige Maschinen aus dreißig Meter Tiefe zu bergen. Es gibt ein interessantes Buch über den Vorfall. Mich hat dabei als Nautiker ganz besonders fasziniert, daß all die Jagdflugzeuge überhaupt keine Einrichtungen zur Navigation oder Ortsbestimmung hatten und stur einem Pilotflugzeug folgen mußten. Im Schneegestöber und bei schlechter Sicht schlossen sie auf bis auf wenige Meter, um sich nicht zu verlieren. Fliegen ist meine große Leidenschaft, aber einen Flugschein habe ich aus Zeitmangel immer noch nicht machen können, obwohl mich die Fliegerei so interessiert. Deshalb hatte ich auch von der Landung wider Willen auf dem Gletscher schon gehört. Wunderbarer Karl, uns wäre der Gesprächsstoff auch auf einer monatelangen Reise nicht ausgegangen.

Die Wassertemperatur pendelt um die acht Grad, und die Luft ist auch nicht wärmer. Wir fahren mal wieder im Nebel, und dennoch scheinen die Isländer nicht zu frieren. Wir drei Deutschen tragen lange Unterhosen, Hemden, Pullover und sind dick eingemummelt, und Oskar und Karl haben an den nackten Füßen nur Sandalen, tragen Hemd und Hose, wobei Karl mich ganz besonders fasziniert, da er nämlich auf dem Rücken einen langen Schlitz im Hemd hat, zur Entlüftung wahrscheinlich. Man sieht jedenfalls, daß er kein Unterhemd trägt und unverhältnismäßig stark behaart ist. Acht Grad Lufttemperatur und Nebel und Nässe und ein Lüftungsschlitz im Hemd! Puh, es ist wohl doch so, daß die Landschaft ihre Bewohner prägt.

Irgendwo in der milchigen Suppe dort vorn liegt Jan Mayen, und je näher wir der Insel kommen, desto mehr kreisen die Gedanken und Gespräche um den Gletscher und das unter ihm brodelnde Feuer. Besonders Oskar und Karl wissen einiges über dieses Eiland, das sie schon einmal mit einem Schiff besuchten. Was aber mag die ersten Entdecker und Abenteurer in diese gottverlassene Gegend gelockt haben? Hatten sie irgendeine konkrete Erwartung oder Vorstellung von dem, was sie sichten würden? Und wenn sie auf diese schmale Insel durch Zufall gestoßen wären, so konnten sie doch ihre Position nicht bestimmen, konnten nur ungefähr ahnen, wo sie sich befanden. Hätten sie es in dem ewigen Nebel und Nieseln gezielt und in der Absicht einer zweiten Landung wieder ansteuern können? Hier, wo jetzt *Sposmoker II* vor mittlerweile westlichem Schiebewind nach Norden strebt, waren tausendfünfhundert Jahre vorher vielleicht irische Mönche unterwegs, schipperten vor tausend Jahren vielleicht Wikinger umher? Bei der Vielzahl ihrer Entdeckungsreisen nach Grönland und Amerika kann man vermuten, daß sie von Jan Mayen wußten. Bestimmt haben sie ebenfalls gefroren, und ein aberwitziger Gedanke drängt sich mir auf. Vielleicht haben sie die Insel ja gezielt angesteuert, weil sie wußten, daß es dort heiße Quellen gibt und weil sie dort endlich mal wieder baden wollten?

Im siebzehnten Jahrhundert belebte sich das Nordmeer, weil reiche Kaufleute, besonders Holländer, Expeditionen ausrüsteten, um Schätze zu entdecken oder neue Handelswege zu erkunden. Ein berühmter Name aus jener Zeit ist Barents, nach dem die Barentssee benannt ist und der Spitzbergen zufällig entdeckte. Ein anderer Kapitän aus dieser Reihe hieß May, und nach ihm wurde später das Eiland Jan Mayen genannt. Der zweite Grund für die vermehrte Schiffahrt in der Region war der Walfang, mit dem sich eine Menge Geld verdienen ließ. Nicht nur die Holländer waren aktiv, auch Engländer, Spanier, Franzosen und Deutsche jagten in der

Grönlandsee und gerieten aus Neid und Habgier aneinander. Kriegsschiffe mußten die Walfangflotten schützen. Die Einrichtungen sollten nach der Fangsaison nicht von der Konkurrenz besetzt werden, weshalb auch Überwinterungen versucht wurden.

Nach den besonders fetten Jahren in der gesamten nördlichen Region, was auch die Westküste Grönlands einschließt, wurden die Wale vermehrt auf See verarbeitet, und die Landstationen verloren an Bedeutung. Vorbeikommende Walfänger sind gelegentlich gelandet, was auf Jan Mayen aber nicht immer problemlos möglich ist. Im übrigen wurde die Insel wohl eher zufällig passiert als gezielt angesteuert. Bis dann im neunzehnten Jahrhundert die systematische Erforschung der Arktis und auch der Antarktis begann. Eine österreichische Expedition überwinterte von 1882 bis '83 auf Jan Mayen und war auch deshalb sehr erfolgreich, weil das Unternehmen sehr sachkundig vorbereitet worden war.

Oli junior ist eine Bereicherung in unserem Kreis. Ich telefoniere mit seinem Vater und erzähle ihm, wie dankbar ich ihm bin und wie toll ich es finde, daß er seinen Sohn mitgeschickt hat. Der kümmert sich intensiv um den Außenborder, spleißt eine Heißvorrichtung für das Beiboot und studiert die Seekarte um das ein oder andere Mal. Er ist Nautiker und hat die entsprechenden Patente. Wir planen die Landung gemeinsam und sprechen im Beisein von Klein noch einmal alles durch. Die beste von allen Buchten, darüber gibt es jedenfalls keinen Zweifel, ist die Walroßbucht an der Nordwestseite der Insel. Gleichwohl kann bei einer Änderung des Wetters und bei einer Winddrehung jederzeit eine Verlegung des Schiffes notwendig werden, sogar auf die entgegengesetzte Seite des Eilands. Wenn wir drei Bergsteiger erst einmal an Land sind, muß alles klappen. Die gegenseitigen Möglichkeiten muß die jeweils andere Gruppe einschätzen können, und über Ortsangaben darf es keine Zweifel geben. Ich habe das Gefühl, daß es ernst wird, aber auch, daß ich mich auf diese Gefährten gut verlassen kann.

Zum Kaffee gibt es Trockenfisch und auch schon mal einen Probeschluck aus einer der vielen Flaschen in den Kartons. Beate kann sich nur schütteln und hat kein Verständnis für solch abartigen Geschmack, da sie doch alles, was mit Fisch zu tun hat, nicht mag. Und dann nehmen die Isländer auch noch einen kräftigen Schluck von ihrem berühmten Fischöl oder Lebertran oder Lüs oder wie das Zeug heißt. Igitt, igitt! Also ich ekele mich nicht davor, aber da ich als Kind immer Lebertran schlucken mußte, bin ich nicht besonders scharf auf diese isländische Spezialität.

Das Barometer steht hoch und steigt sogar noch. Ob auf dem Gipfel wohl die Sonne scheint? Ich bummle auf der Kurzwelle herum und bekomme zur Abwechslung auch mal einen norwegischen Wetterbericht. Im übrigen habe ich ja ständige Informationen vom deutschen Wetterdienst in Hamburg, was sogar hier oben bei mittlerweile neunundsechzig Grad Nord auch per Orbcom gut funktioniert. Orbcom ist die Anlage, die mit den niedrigfliegenden Satelliten operiert, und Inmarsat M benutzt geostationäre Satelliten, wobei es die für diese Region zuständigen laut Display immer mal wieder verliert. »*Lost satellite*«, heißt es dann.

Aber zurück zur Kurzwelle, deren Möglichkeiten mich immer wieder überzeugt haben.

Als ich noch im Dienst der Hamburg-Amerika-Linie die sieben Meere befuhr, war Kurzwelle per Tastenfunk die einzige Verbindung zur Außenwelt. Vor circa dreißig Jahren machte ich dann selber die entsprechenden Scheine. Helmut Bellmer, heute Commodore von Trans Ocean war damals Leiter von Elbe-Weser-Radio und unterrichtete mich. Seine wunderbare Art, uns den Stoff nahezubringen, seine Begeisterung für das Thema ›Verbindungen herstellen‹ ist sofort rübergekommen. Und ihm habe ich es zu verdanken, daß ich mir in Notsituationen, zuweilen nur mit einem Stück Draht, mit irgendeinem Provisorium, zu helfen wußte. Gute alte Kurzwelle, nachdem einmal Orbcom und Inmarsat ausgefallen waren! Gute alte Kurzwelle, als in der Antarktis nichts mehr ging, so daß ich nur darüber aus dem Südatlantik über Bern-Radio die Heimat erreichte. Bern-Radio, du freundlichste aller Küstenfunkstellen in den Bergen! Ich tippe die Frequenz ein und telefoniere über die Schweiz mit Oli in Reykjavik. Ganz einfach aus Anhänglichkeit oder weil ich dem Funker dort eine Freude machen möchte. Am Ende des Gesprächs gibt es noch einen kurzen Klönschnack mit dem Maat, dessen Stimme ich wiederzuerkennen meine.

Guter Satchmo, guter alter Louis Armstrong. Musik ist an, Sonntag ist es, und Jan Mayen ist nicht mehr weit. Die Spannung steigt.

Vielleicht rufe ich nur deshalb die Station auf UKW, weil ich mich ablenken möchte: »Jan-Mayen-Radio! Jan-Mayen-Radio! This is *Sposmoker II*. Jan-Mayen-Radio! *This is Sposmoker II*.«

Und die Antwort kommt prompt. Die Station meldet sich sachlich, ruhig, wie nur bedächtige Nordmänner sprechen: »*What can I do for you?*«

Ein kurzer Schnack. Wer wir sind. Daß wir uns angemeldet haben. Daß Bodö Bescheid weiß, daß ich über die veränderte Besatzung ein Fax geschickt habe. Und dann meine genaue Ankunftszeit in der Walroßbucht. Der Funker nimmt alles zur Kenntnis und bittet mich, drei Stunden vor dem Ankern noch mal Bescheid zu sagen.

»Läuft doch gut. Die Insel ist da. Und irgendwie klang das, als erwarten sie uns schon.«

Ich laufe auf dem Deck hin und her. Starre in den Nebel, laufe auf und ab und kann es kaum erwarten.

Das Lot zeigt es zuerst. Bei neunzig Metern kommt eine Anzeige, bleibt noch mal aus, wechselt zu waagerechten Strichen, bis das Echo von dort unter uns stärker wird. Achtzig Meter. Siebzig Meter. Wir müssen circa drei Meilen vor der Südspitze sein und haben immer noch dichten Nebel. Ostwind schiebt mit Stärke vier, wird südlicher, und das Meer ist ruhig. Die Bedingungen könnten nicht besser sein. Häufig läuft auch bei wenig Wind eine Dünung, die sich an den Steinen und Aschenstränden der Inseln bricht und eine Landung unmöglich macht. Nur mit Überlebensanzügen und mit einem Sprung in die Brandung ist vorherigen Besuchern ein Betreten der Insel möglich gewesen. Für uns, die wir umfangreiche Ausrüstung an Land bringen wollen, ein Alptraum. Aber solches Ungemach scheint nicht zu erwarten.

Plötzlich dann eine dunkle Silhouette in der milchigen Suppe, unverkennbar Land. Ständig kontrolliere ich jetzt Lot, GPS und den Kurs über Grund. Dann wird die Sicht besser. Die Nebelbank bleibt hinter uns. Nach Norden und Osten liegt das Meer unendlich weit und so, wie wir es seit Island nicht mehr gesehen haben. Es ist, als markiere die Südspitze der Insel die Grenze zwischen Nebel und Traumland. Ein Sonnenstrahl trifft uns und wärmt sogar ein wenig. Die Berge zur Rechten sind um die vierhundert Meter hoch und zum Teil steil abfallend. Auf flacheren Hängen scheint es niedrige Vegetation zu geben, und in der Nachmittagssonne wirkt es für einen Moment, als blicke man auf Almwiesen in den Alpen. Nah unter Land motoren wir jetzt an der Küste entlang. Ich halte etwa zwei Seemeilen Abstand und fahre unter eine niedrig hängende Wolkendecke, unter Hochnebel, in dem die Berge verschwinden. Die gute Sicht nach Westen bleibt, aber über der Insel ist der Himmel nicht zu sehen und der Beerenberg schon gar nicht. Jetzt wirkt die Küste wieder düster, und Beate meint, daß diese Szenerie sich besonders gut eignet, um einen Horrorfilm zu drehen. Aber weiter geht es. Die Engelsbucht – welch ein verheißungsvoller Name – liegt voraus. Die Station ruft, ob es bei der bestätigten Ankunftszeit bleibt, und ich verspreche, daß um siebzehn Uhr der Anker fallen wird.

Die Spitzen der Berge bleiben weiterhin in den Wolken, die sogar noch etwas niedriger hängen. Dadurch wirkt die Walroßbucht voraus, als führen wir in eine dunkle Schlucht. Ich weiß jedoch, daß der Grund rein ist, und lasse deshalb die Maschinen mit voller Fahrt laufen. Die Gefährten werden zwar unruhig und wirken, als wäre ihnen ein wenig langsamere Fahrt sympathischer, aber in der Walroßbucht haben vor uns schon so viele Schiffe gelegen, daß ein einzelner Stein im Wege sicherlich auch anderen Booten aufgefallen wäre. Mein Freund Klein, der seit vierzig Jahren mit mir reist, hat jedenfalls keine Bedenken und wirkt ganz gelassen. Wir sprechen über die vielen Vögel, die jetzt da sind und daß wir nicht gedacht haben, daß die Insel hier schon so hoch ist. Wir vergleichen die Eindrücke mit der Bäreninsel, die wir beide zusammen besucht haben. Und dann ist in den Wolken über uns plötzlich ein kleines blaues Loch, durch das die Sonne das Land zur Rechten kurz trifft und das Moos oder was immer dort an Grünzeug wächst, aufleuchten läßt. Zehn Meter zeigt das Lot. Halbe Fahrt beide Maschinen. Acht Meter. Langsam beide Maschinen. Der Anker fällt auf sechs Meter Wassertiefe in der Walroßbucht auf Jan Mayen. Es ist 17.00 Uhr, und *Sposmoker* ist wieder einmal pünktlich.

Mit voller Kraft lasse ich beide Maschinen rückwärts laufen, um den Anker richtig einzudampfen. Die Peilung steht. Der Anker könnte besser nicht halten. Stopp Maschine. Und ein Blick mit dem Glas hinüber zum Land, das schwarz und dunkel wirkt. Schwarz scheint die vorherrschende Farbe zu sein, wo kein Schnee die Insel bedeckt. Schwarz ist der Strand, und irgendwie dunkel wirkten auch der Schuppen, das Boot und eine Art Floß, das drüben zu sehen ist. Wir bringen unser Dingi zu Wasser. Da kommt auch langsam schon oben am Hang aus dem Dunst ein Auto, das vorsichtig schwankend auf einer offenkundig rauhen Piste in Richtung Schuppen fährt. Der Außenborder springt sofort an. Oli junior hat gute Arbeit geleistet. Zu viert springen wir ins Dingi. Das Auto hält, und zwei Männer warten am Strand. Mit Andacht setzte ich meinen Fuß auf die Lavaasche von Jan Mayen und muß eine winzige Sekunde lang an meine Freunde Heide und Erich Wilts denken, die genau hier auch schon gewesen sind.

Ich begrüße den Kommandanten der Station, Per Erik

Hanevold, und den zweiten Mann, der neben ihm steht. Dann stelle ich die Gefährten vor und erzähle von dem Anlaß unseres Besuches, von den vielen Briefen nach Bodö und daß man ja wahrscheinlich schon Bescheid wisse. Freundlich distanziert, so beschreibt man am besten die Atmosphäre bei diesem ersten Kennenlernen. Besucher auf solchen Stationen mögen zuweilen eine willkommene Abwechslung sein. Sie bedeuten aber immer auch eine Unterbrechung der Routine und eine Ablenkung von der eigentlichen Arbeit. Manche Stationen in der Antarktis sind zum Beispiel schon so überlaufen worden, daß sie Besucher abwimmeln oder den Zugang von vornherein verwehren mußten. Nun galten für Jan Mayen ja immer ganz besondere Gesetze, und daß überhaupt normale Zivilisten dieses Eiland betreten dürfen, wenngleich auch mit besonderer Erlaubnis, das gibt es auch noch nicht lange.

Wir werden zur Station eingeladen. Ich frage nach den Wetteraussichten und ob es nicht angezeigt sei, die an Bord Verbliebenen und Oli junior als Bootsführer auch mitzunehmen. Wir beraten uns kurz. Der Kommandant rechnet nicht mit einem Wetterumschwung, und meine Infos aus Hamburg bestätigen seine Ansicht. Das Schiff scheint sicher vor Anker. Und so entscheide ich mutig, daß alle mitkommen sollen zur Station der Norweger. Gemeinsam schieben wir das Dingi zurück, erzählen den beiden an Bord schon per Handgerät, was geplant ist, und als Oli junior *Sposmoker II* erreicht hat, brauchen die Passagiere bloß noch mit ihren Fotoapparaten einzusteigen. Ich erzähle in der Zwischenzeit von der Anreise und ein wenig von mir und meinen Expeditionen, um rüberzubringen, daß wir nicht ganz unerfahren sind. Die meisten Pluspunkte verdanke ich aber Oskar und Karl, die von ihrem früheren Besuch der Insel berichten und daß sie den Berg schon einmal angegangen sind, wobei sie die Tour wegen eines Wettersturzes abbrechen mußten. Beate und Klein springen auf den Strand. Ich gratulieren den beiden zu dem bisher Erreichten und wünsche uns allen Erfolg für den Rest der Expedition.

Zum Auto und einsteigen!

Ich sitze vorn und erzähle von der Seefahrt. Der Leiter der Station faßt Vertrauen, und wir kommen uns näher. Die Fahrt geht über eine holprige Piste, und die Reise erinnerte an die Rallye Paris – Dakar, wenn der Sand draußen nicht schwarz wäre und die Temperatur nicht nur sechs Grad betragen würde. Ein Blauwal ist gestrandet, erzählt Hanevold. Die Stelle sollen wir uns unbedingt ansehen und andere Attraktionen auf dem Eiland auch, wie das Grab eines Matrosen der österreichischen Überwinterungsexpedition 1982/83. Wir fahren am Flugplatz vorbei, der manchmal wochenlang wegen Nebel nicht angeflogen werden kann. Wir passieren die Wetterstation und kommen dann zum Hauptgebäude, das auf den ersten Blick wie eine Schule aussieht.

Der übliche Wegweiser ist da mit den Pfeilen zu markanten Punkten in der Welt und den Entfernungsangaben. Dieses Gebilde haben alle Stationen in der Wildnis gemeinsam, und nur die Orte variieren ein wenig. Auf den Kerguelen steht Paris ganz oben. Auf Vernatzky in der Antarktis selbstverständlich Moskau. Auf der Bäreninsel und in Nyalesund auf Spitzbergen Oslo gleichermaßen. Hat das mit Heimweh zu tun? Obwohl doch Fernweh oder Abenteuerlust oder ganz einfach wissenschaftlich

Vor Seydisfjördur warten wir auf die isländischen Bergsteiger.

Oli und Karl machen den Dingitest.

Oskar macht die Kanten scharf.

Die Dingicrew befreundet sich.

Erster Anblick von Jan Mayen.

Eingang zur Station.

Bei Annäherung an den Eisberg scheuchen wir viele Vögel auf.

Schiffer mit Netzrest

Auf dem Weg nach oben.

Heldenhafter Oli vor Tauchgang.

Der Gletscher ist erreicht.

Welch düsterer Ort, um ein Schiff zu verlieren.

begründete Neugier die Frauen und Männer zu sehr entlegenen Orten getrieben haben? Hier lese ich Paris, San Francisco und Yokohama, während die Freunde herumlaufen und fotografieren.

In mir ist ein Gefühl des endlich Angekommenseins. Ich stehe ganz einfach da und sehe den Film mit meinen ersten Träumen ablaufen. Pläne konnten das ja nicht sein. Ich sehe mich als jungen hoffnungsvollen Seemann, der von einem Jahr Dienst auf der Wetterstation auf Jan Mayen faselt. Es gab immer ein ganz besonderes Aufmerken, wenn diese Insel in Wetterberichten erwähnt wurde, wenn manchmal etwas in der Zeitung stand. Das war des Kalten Krieges wegen selten genug. Bücher las ich, Artikel, fragte Norweger aus, wann immer ich konnte. Und nun stehe ich endlich auf diesem Platz, der erst seit 1958 bebaut ist.

Vor über hundert Jahren, 1882, um genau zu sein, gab es zum erstenmal eine wissenschaftliche Station auf Jan Mayen. Graf von Wilczek finanzierte jenes österreichische Team, das die extremen Wetterbedingungen und die Polarnacht in den für jene Zeit komfortabel eingerichteten Hütten meisterte. Die Gebäude waren von solch hoher Qualität, daß sie in der Folge von immer weiteren Expeditionsteilnehmern genutzt werden konnten. Mit der Genehmigung des Grafen von Wilczek, versteht sich. Der schenkte alles dem dänischen Staat, und erst im Zweiten Weltkrieg, nach immerhin sechzig Jahren, wurde die Station zerstört.

Die Norweger siedelten seit Anfang der zwanziger Jahre im Mittelteil der Insel in einem Tal zwischen den beiden Lagunen. Und in der Nähe der Nordlaguna siedelten dann ab 1943 die Amerikaner, hauptsächlich um deutsche Wetterstationen in der Arktis einzukreisen. Die unter Kriegsbedingungen konstruierten Gebäude taugten nichts, bis 1949 auf einem Steilufer an der Stationsbucht ein Neubau errichtet wurde, der bis Anfang der sechziger Jahre in Betrieb war. Der Standort war ungünstig, soweit es die an dieser Stelle besonders starken Stürme und Fallböen betraf. Vielleicht bauten deshalb die Militärs in der Nähe des Kap Olonkin auf der Südostseite der Insel. Und dort entstand auch der Flugplatz, an dem wir gerade vorbeigefahren sind. Die Versorgung per Schiff und besonders der Materialtransport durch die fast immer sehr hohe Brandung war einfach zu wetterabhängig. Aber auch der Fluglatz kann zuweilen wochenlang nicht angeflogen werden. Jan Mayen ist nun mal die Teufelsinsel.

»*Come in!*«

Der Kommandant reißt mich aus meinen Träumen, und hinter den ins Trockene und Warme drängelnden Gefährten gehe ich in dem Bewußtsein durch die Tür, daß eine Etappe in einem unendlich langen Weg in meinem Leben vor dem Abschluß steht. Licht! Trockene Luft! Helle breite Gänge! Wärme! Ich erkläre Beate, daß man auch hier die Schuhe ausziehen muß wie überall im nördlichen Norwegen. Und dann ist da ein Fernsehraum mit bequemen Sesseln und Sofas, und nach wenigen Minuten gibt es auch Kaffee und Kuchen. Die Unbilden der Anreise sind sofort vergessen. Wir machen Smalltalk auf englisch, isländisch, norwegisch und kommen ein wenig auch auf unsere ernsten Absichten, die Besteigung des Beerenbergs, zu sprechen, was auch Formalitäten zu Folge hat. Wir geben unsere Pässe ab. Der Kommandant hat

Unterlagen von Bodö bekommen, und weil die beiden dieselbe Sprache sprechen und sich gut verstehen, beauftrage ich Oskar mit den Regularien und dem Papierkram.

Es ist Sonntagabend und deshalb der übliche Filmabend der Besatzung. Ob wir mit zusehen möchten, fragt Hanevold und wird eine Sekunde lang nachdenklich, als er den Titel des Streifens nennt. Es ist der Film ›Das Boot‹. Aber alle entscheiden sich für einen Kinoabend, was bei mir gemischte Gefühle auslöst. Klein und ich haben den letzten Weltkrieg erlebt. Die Besetzung Norwegens und die verbrannte Erde in den nördlichen Provinzen läßt sich nicht verdrängen. Und jetzt ausgerechnet ein Kriegsfilm! Aber die Mitarbeiter des Coronel gehören zu einer anderen Generation und sind von persönlichem Erleben unbelastet.

Ein kurzer Gang durch die Gebäude. Auch hier wieder die Ähnlichkeiten zu den vielen Außenposten der Zivilisation, die ich irgendwo auf der Welt schon besichtigt habe. Zweckmäßig und mit ein wenig Komfort eingerichtet, haben all diese Posten nichts mehr gemein mit jenen primitiven Hütten, Zelten oder umgedrehten Walbooten der ersten Entdecker und Überwinterer. Filme, Fernsehen und die Möglichkeit, jederzeit mit zu Hause telefonieren zu können, sind heute einfach selbstverständlich. Die Verpflegung ist abwechslungsreich und gut. Die Heizungen funktionieren, und die Betten sind weich. Zwischen dem sterbenden Scott im Zelt im Schneesturm und der amerikanischen Kleinstadt am Südpol liegen nun mal Welten. Der Film ›Das Boot‹ ausgerechnet auf Jan Mayen! Ich sehe den Streifen zum fünften- oder sechstenmal und bin aufs neue fasziniert von der Meisterschaft des Regisseurs. Einem Berufsseemann und alten Salzbuckel gehen einige Szenen nun mal ganz besonders unter die Haut. Ich verstehe die Handlungen und die Denkweise des Kommandanten. Aber auch die Kameraden und die Norweger sind von dem Geschehen gefesselt, und im Kinosaal gibt es wenig Bewegung. Nur das Paar neben mir sucht nach kurzem Gespräch, von dem ich einige Brocken verstehe, das Weite. Den Grund kann ich leider selber riechen. Nach so vielen Tagen und Nächten in den Stiefeln stinken meine Socken einfach entsetzlich. Da ist es kein Wunder, daß die beiden sich ganz weit entfernt einen anderen Platz suchen.

Irgendwann denke ich an unser schwimmendes Zuhause und wie es *Sposmoker* dort draußen so ganz alleine wohl ergehen mag. Später werde ich hören, daß mein Freund Klein vor Ungeduld und Unruhe und Sorge es kaum aushalten konnte und mich mehrfach heimlich musterte. Als der Film vorbei ist, drängen wir schnell auf einen Aufbruch. Ich treibe die Freunde an, und Per Erik Hanevold, der uns zurückfahren will, möchte schließlich auch irgendwann mal ins Bett. Wir werden noch eingeladen für den Mittwochabend, dann werden das Schwimmbad aufgeheizt und die Sauna angeworfen. Gut haben es die Leute. Und Mittwoch könnte ja vielleicht besonders passen, weil wir dann ermattet vom Berg zurück sein werden. Ach ja, der Berg! In der halbdunklen nördlichen Nacht meine ich einmal über einem Höhenzug ein kleines Stück des Gipfels ahnen zu können. Die Sicht ist jedenfalls klar, und das ist auf diesem Eiland ja auch schon eine seltene Naturerscheinung.

Ich sitze wieder vorn, plaudere wieder über Gott und die Welt mit dem Commander, und offenkundig sind wir uns sympathisch. Eindruck hat wohl auch gemacht, daß ich mich an die Vorschriften gehalten habe. Es kommen immer noch Skipper ohne Erlaubnis ganz einfach an und verstehen dann nicht, daß sie von Recht und Gesetzes wegen abgewiesen werden müßten. Eine einleuchtende Erklärung für die Zurückhaltung in der Genehmigungspraxis bekomme ich auch. Wenn jemand beim Herumstromern auf der Insel oder gar bei dem Versuch, den Berg zu besteigen, verunglückt, so gerät die Station in ernste Schwierigkeiten. Es gibt keine bergerfahrenen oder in Bergrettung ausgebildete Frauen oder Männer unter der Besatzung. Stürze in Gletscherspalten können zu schwersten Verletzungen führen, wenn nicht gar zum Tod. Die Möglichkeiten zur medizinischen Versorgung sind ebenfalls eingeschränkt. Man stelle sich nur vor, wie ein Tourist oder Abenteurer auf dem Gelände ohne Weg und Steg endlich zur Hütte transportiert werden muss. Dann sind die Schwierigkeiten noch nicht zu Ende, denn dann kann es ja sein, daß bis zu vier oder fünf Wochen weder mit dem Schiff noch mit dem Flugzeug eine Verbindung zum Festland beziehungsweise zu Krankenhäusern herzustellen ist. Einsehbar das Ganze und für mich eine Warnung zu äußerster Vorsicht bei unserer Unternehmung. Ein Glück nur, daß ich zwei Bergretter mit Himalayaerfahrung dabei habe.

Das Schiff ist noch da, wir sehen unten in der Bucht unseren geliebten Kat. Ein Stein fällt mir vom Herzen und auf dem Sitz hinter mir freut sich Klein laut und voller Erleichterung. Wir rumpeln und schlingern hinunter zum Strand, schieben das Boot ins Wasser und kehren in unsere feuchte und kalte Höhle zurück. Ich war doch nur wenige Stunden von Bord, und dennoch ist es wie ein Nachhausekommen nach unendlich langer Abwesenheit. Wir winken zum davonfahrenden Auto, und dann folgt eine kurze Besprechung mit der Besatzung.

Ein wichtiges und zugleich sehr erfreuliches Ergebnis unseres Besuches der Station ist, daß wir die zur Zeit nicht genutzten Hütten der alten Station auf dem Steilufer der Stationsbucht bewohnen dürfen. Das ist ein großer Vertrauensbeweis des Kommandanten und für uns die halbe Miete. Ein Haus mit warmen Zimmern, mit trockenen Betten, geheizt, mit einer Küche und einer ständigen Verbindung zur Zentrale auf Kap Olonkin.

Die Sicht ist gut. Eine leichte Brise weht. Vom Film und den Erlebnissen der letzten Stunden aufgewühlt, können wir nicht schlafen. Also verlegen wir den Platz doch jetzt, schlage ich vor. Dann sind wir auch schon auf dem Weg nach vorn, um mit vereinten Kräften an der Ankerkette zu ziehen. Anker hieven ist bei Gerd Engel Bizepstraining. Die Kette fliegt nur so nach oben. Dann sind wir auch schon dicht unter Land unterwegs nach Norden zur nächsten Bucht. Hundertsechzig Meter hoch ist der Walroß genannte Berg an der Nordseite der Bucht. Als wir den dunklen Stein umfahren haben, ist am Nachthimmel der Gipfel des Gletschers zu sehen. Beerenberg, wir kommen! Noch ein wenig näher und nach zweieinhalb Stunden fällt der Anker dicht unter Land vor dem Steilufer, über dessen Kante die Gebäude der alten Station zu sehen sind. Einen zweiten Anker graben wir zur Sicherheit an Land ein. Nach einem langen und ereignisreichen Tag geht es endlich in die Koje. Eine Ankerwache halte ich nicht für nötig.

Nach kurzem Schlaf nur wache ich auf und bin selbst

hier drinnen von Licht geblendet. Raus an Deck. Die Sonne scheint. Sonne über Jan Mayen! Alles ist in funkelndes helles Licht getaucht, wie man es nur in den staubfreien antarktischen und arktischen Gegenden kennt. Ein funkelnder Sommermorgen und das Meer so ruhig wie auf der Kieler Förde. Wir liegen nahe am schwarzen Strand, und ich sehe, daß ich beim Ankern im Halbdunkel richtig mutig gewesen bin. Da kann man ja fast rüberspucken, und wäre hier jetzt normales Wetter, so wären wir wohl schon in der Brandungszone. Ein Geschenk des Himmels ist dieser für Jan Mayen ganz ungewöhnlich ruhige Tag ohne Regen. Wo ist die Hölle? Wo sind die Teufel geblieben?

Zur Linken geht der Strand in eine Steilküste über, und dicht hinter der Abbruchkante stehen die Hütten der alten Station. Die Dächer sehe ich zuerst, und dann ist er da: der Beerenberg, Gletscher! Weil wir so dicht unter der Steilküste liegen, sehe ich nur den oberen Teil. Strahlend weiß und schön mit einem rötlichen Hauch in der Sonne des frühen Tages. Ganz allein bin ich an Deck. Alle schlafen, und in mir ist ein enormes Gefühl der Freude und Dankbarkeit, daß ich es bis hierher geschafft habe. Ein kurzes Gebet. Dann hoch mit den Jungs nach dem Motto: Hilf dir selbst, dann hilft dir Gott.

Daß die jungen Leute immer schlafen müssen! Mein Freund Klein ist am schnellsten an Deck. Wir beide sind ja auch durch die harte Schule der Küstenschiffahrt gegangen, wo wir grundsätzlich vierundzwanzig Stunden am Tag arbeiten mußten und mit etwas Glück zwischen Weihnachten und Neujahr mal ausruhen durften. Es mag übertrieben klingen, aber die Bedingungen waren in den Vierzigern und Anfang der fünfziger Jahre so oder ähnlich. Ruhe gab es auf keinen Fall, bevor nicht die Arbeit getan war.

»Reise, Reise!« rufe ich auf deutsch ganz laut in die beiden Rümpfe, klappere auch in meiner überschwenglichen Freude über den schönen Tag mit Topfdeckeln und bekomme die Jungen vom Traumland in die Wirklichkeit. »Der Beerenberg! Seht mal, Freunde. Der Beerenberg!«

Isländer sind wohl generell etwas unterkühlt, und mediterraner Überschwang ist nicht ihr Ding. Dennoch zaubert der Anblick des Gletschers ein Lächeln auf die Gesichter und Glanz in die Augen. Zuerst aber Frühstück. Ohne Stärkung keine Kraft für den Aufstieg.

Ein Vorteil meines Katamarans ist das große Deck zwischen Haupt- und Hinterbeam, auf dem Oli, Oskar und Karl die Ausrüstung klarmachen. Ski und Felle, Leinen, Eispickel, Stiefel, etliche warme Sachen, Zelte. Rucksäcke, Proviant und sehr viel Flüssigkeit bilden ein beeindruckendes Stilleben und machen mir ein wenig Bammel bei dem Gedanken, daß ich ein Drittel des Krams ja wohl selber tragen muß. Dann treibe ich zur Eile, denn das Wetterfenster für den Berg bleibt nicht endlos lange geöffnet. Aber versuche mal jemand, diese bedächtigen und in sich ruhenden Kerle auch nur eine Idee schneller arbeiten zu lassen. Andererseits weiß ich auch, daß wir beim Verstauen keine Fehler machen dürfen. Denn zur Not müssen in Schneetreiben, Sturm und Eiseskälte die richtigen Teile blind gegriffen werden können. Geduld also. Der Berg ist ja noch da.

Als das Dingi im Wasser ist, müssen wir mehrere Fuhren hinüberschaffen, was problemlos abläuft, weil das Schiff nahe am Strand liegt und weil wir die Leine zu dem oberhalb der Brandung eingegrabenen Anker benutzen können, um uns hin und her zu hangeln. Nach der dritten Fahrt ziehen wir das Boot ganz hoch hinauf, und Oli hilft, die Ausrüstungen zu den Hütten hinaufzuschleppen. Selbstverständlich gibt es auf dem Steilufer weder Treppe noch Weg, und das Geröll ist rutschig. Ich schaffe es in meiner Begeisterung, als erster oben anzukommen, wo ich mich außer Atem streng zur Ordnung rufe. Bei solchen Touren vergeudet man seine Kräfte nicht auf den ersten Metern. Gleichmäßig mit Bedacht und mit meinem persönlichen Tempo und Rhythmus will ich fortan gehen. Das verspreche ich mir, während ich helfe, die Sachen zum Eingang der Hütte zu tragen.

Freundlich und einladend wirkt die Station schon von außen durch die rot gestrichenen Bretter und die weiß abgesetzten Fenster. Drinnen ist es dann richtig gemütlich, mit mehreren Zimmern und einem großen Aufenthaltsraum mit angrenzender Pantry. Die Betten sind mit bunter Bettwäsche frisch bezogen. Es gibt Kissen und Deckchen und Bilder an den Wänden. Die heimische Atmosphäre macht Sinn, wenn man sich klarmacht, daß hier Männer für lange Zeit ausharren mußten, ohne jegliche Möglichkeit, abgelöst zu werden und nur mit eingeschränktem Kontakt zur Außenwelt. Wer im Spätsommer auf Jan Mayen seinen Dienst antrat, der mußte die lange Polarnacht nicht nur körperlich, sondern auch geistig und seelisch gesund überstehen. Die Rezepte hat schon Amundsen gekannt, indem er seine Expeditionsteilnehmer immer fleißig arbeiten ließ und während der mehrjährigen Nordostpassage zum Beispiel Klavier und Grammophon an Bord hatte. Folgerichtig ist hier ein Radio auf einem Bord an der Wand. Einen Fernseher entdecke ich nicht, was wohl damit zu tun hat, daß der Umzug in die jetzige Station vor der Verbreitung dieses Mediums stattgefunden hat. Einen Moment stehe ich an der Tür und denke an die unvorstellbare Gewalt, mit der die Stürme an diesem Bauwerk rütteln. Ich sehe die Seile, mit denen das Haus in der Erde verankert ist, die kräftigen Drähte, die den Antennenmast halten, und denke auch an die Hütte auf Kap Hoorn, die ich besuchte, und an die frühere Station auf der Bäreninsel und spanne den Bogen von Almirante Braun oder Vernatzky in der Antarktis bis zu der kleinen Holzkiste der Christiane Ritter auf den Steinen Spitzbergens. Was habe ich schon alles gesehen!

Das Taxi *Aurora,* so haben die Norweger ihr Geländefahrzeug genannt, rumpelt über Lavabrocken und Moospolster heran. Vier Männer, die wir beim Kinoabend flüchtig gesehen haben, reißen mich aus meinen Träumen. Wir begrüßen uns herzlich und reden über die ungewöhnlich guten Bedingungen für einen Aufstieg. Einer der vier ist Meteorologe und spricht von einem neuen Tief, das uns spätestens am nächsten Tag zu schaffen machen wird. Mit Oskar und Karl stehe ich auf dem niedrigen Tritt vor dem Eingang und beratschlage, ob wir versuchen sollen, mit Minimalgepäck schnell rauf und runter zu kommen.

»We can try«, sagt Oskar.

Also packen wir noch einmal um. Aber das meiste ist unverzichtbar, und für jeden von uns bleibt ein richtig schwerer Rucksack, dessen Außentaschen prall gefüllt sind und an dessen Seiten die Schier stecken, die wir erst beim Erreichen der Schneedecke einsetzen können.

Klar und ohne Wolkenhaube ist der Gipfel zu sehen. Kurzer Abschied von den vier Norwegern, die im Nebengebäude zu tun haben. Dann marschieren wir langsam los auf zunächst sanft ansteigendem Gelände! Eine Freude ist es, trotz des schweren Rucksacks, ausschreiten zu können nach den Wochen auf den Planken des *Sposmokers II*. Wüßte ich nicht, daß ich mich auf Jan Mayen befinde, so könnte es sich auch um eine Wanderung irgendwo in den Alpen handeln. Aber da sind natürlich Lavabrocken, die es in den Alpen nicht gibt. Da sind eine Menge Pflanzen, die ich noch nie gesehen habe. Meiner bäuerlichen Vorfahren und meines kenntnisreichen Vaters wegen habe ich mich immer für allerlei Grünzeug interessiert und lernte an meines Erzeugers Hand auch eine Menge lateinische Bezeichnungen. Großes Erstaunen jetzt, als ich auf dieser arktischen Insel Löwenzahn entdecke, den ich so weit im Norden eigentlich nicht vermute habe. Später werde ich in Island mit einem Fachmann über das Thema sprechen und lernen, daß es vier Löwenzahnarten gibt, die man nur auf Jan Mayen findet. Man vermutet, daß der Wind die Samen hierher getrieben hat, aus denen sich dann neue Arten entwickelt haben. Außer Löwenzahn gibt es viel Moos, auf dem man besonders angenehm weiterkommt. Lange Strecken führen über Geröll, Lavabrocken und lose rutschige Steine. In einer Senke entdecke ich geduckten Farn und allerlei flach an den Boden gepreßte Pflanzen, an den Boden gedrückt von dem ewig blasenden Sturm. Als müßten sie ihre empfindlichen Blätter noch mehr schützen, sind die wenige Blütenpflanzen ganz besonders dicht an die steinige Asche gekrallt. Sie leben in Senken und sind besonders in einem langen Tal zu finden, an dessen Hang wir entlangwandern. Einmal flattern zwei Schmetterlinge vorbei, als sollte dieser Sommersonnentag auf dieser Hölleninsel noch eine Steigerung erfahren. Ausgerechnet Schmetterlinge, mit ihren zarten und empfindlichen Flügeln! Wo leben die bloß während dieses ständig heulenden Orkans, dem unablässig rinnenden Regen? Ich rutsche ein Stück abwärts, nachdem ich auf eine lose Platte getreten bin, und rufe mich zur Ordnung. Nicht die Beine brechen, Gerd!

Wir gehen mit großen Abständen jeder in seinem eigenen Tempo, halten nur inne, um einen Pullover auszuziehen oder um einen Schluck zu trinken. Auch bei den Stopps wird wenig gesprochen. Oskar hat ein Hand-GPS dabei und beschränkt sich auf die Angaben: wie hoch, wie viele Meter bis zum Ziel, die Restzeit unter Zugrundelegung des jetzigen Tempos. Karl filmt und fotografiert. Ich habe viel Mühe mit den rutschenden Tragriemen meines Rucksacks. Das bessert sich, nachdem ich die Skier anders befestigt habe. Und immer weiter ruhig und gleichmäßig ausschreiten, vorsichtig über die großen Steine und angenehm federnd auf Moos ... Auch in fünfhundert Meter Höhe noch viel Moos, was mit der ewigen Nässe, dem ständig rinnenden Regen zu tun hat. Aber auch Blüten noch bis auf sechshundert Meter Höhe und immer noch viel Löwenzahn bis an die ersten Schneezungen und Eisplatten des Gletschers. In langen Rinnen gibt es steile Bahnen aus einer Mischung von Schnee und angetautem Eis, auf denen ich besonders gut und besser vorwärts komme als auf den Geröllhalden.

Ich wundere mich selber über meine Belastbarkeit. Noch kann ich mithalten. Bei den gelegentlichen Pausen geht mein Blick zurück, und ich staune, wie hoch wir schon sind. Ein toller Ausblick ist es nach unten über die grünen und schwarzen Hügel und Ebenen in Richtung alter Station. Dort ist das Meer zu sehen und von hier oben auch besonders deutlich die Nordlagune, die nur durch eine schmale Landzunge vom Atlantik getrennt ist. Ein winziger weißer Punkt, das muß *Sposmoker II* sein. Ich rufe mit dem Handsprechgerät auf UKW und bekomme sogleich Antwort. Freund Klein berichtet, daß er Oli vermißt. Der sei immer noch an Land. Ob wir ihn vielleicht mitgenommen hätten? Natürlich nicht! Oli hat doch eine festumrissene Aufgabe, aber eventuell hat er sich mit den Norwegern verplaudert. Ich tröste K., daß der Isländer wohl bald auftauchen wird. Nachdem ich alles übersetzt habe und meine beiden Gefährten sich auch keinen Reim machen können, geht es weiter.

Auf etwas über sechshundert Metern kommen wir an den Rand des Gletschers. Zwei Steine im Schnee laden zum Sitzen ein. Wir machen ein längere Pause, und ich mache mir Vorwürfe, daß ich zuviel trinke. Mehrere Liter habe ich im Rucksack und werde dennoch nicht auskommen, wenn ich den Verbrauch nicht einschränke. Hoffentlich gibt es irgendwo weiter oben noch Schmelzwasser. Aber nun ist erst mal Konzentration angesagt. Die Felle haben wir schon vor der Stationshütte auf die Skier geklebt. Mit der Bindung habe ich zunächst noch Schwierigkeiten, bis Oskar mir hilft, die Riemen richtig anzubringen. Von nun an gehen wir an langem Seil mit Oskar an der Spitze, mit Karl in der Mitte und mir als Schlußlicht. Noch einmal der tolle Ausblick nach unten und nach oben zum deutlich näher gerückten Gipfel und dann los im Tempo des Spitzenmannes.

Ein Berg von zweitausend Meter Höhe rangiert in den Alpen mehr unter »ferner liefen«. Würde man dort einen vergleichbaren Gipfel besteigen wollen, so würde der Ausgangspunkt allerdings irgendwo bei zwölfhundert bis fünfzehnhundert Meter über »Normalnull« liegen. Den Beerenberg muß man aber von Meereshöhe her angehen, und diese Verhältnisse schieben unsere Unternehmung natürlich in den Bereich weniger besuchter Höhen. Gewiß wird die Luft auf den Viertausendern der Alpen dünner sein als auf dem »nur« zweitausend Meter hohen Beerenberg. Aber beim Blick nach oben über die unendlich erscheinende weiße Fläche vor mir begreife ich allmählich, was ich mir vorgenommen habe. Ich beschimpfe mich auch insgeheim, weil ich nicht noch ausgiebiger und intensiver trainierte. Ohnehin immer joggend, habe ich während der Monate vor der Expedition versucht, täglich viel zu laufen und ein paar Pfunde abzuspecken. Aber Zeitmangel und geschäftliche Zwangsessen sorgten dafür, daß ich das gewünschte Ergebnis nicht ganz erreicht habe. Ich komme ins Schwitzen nach den ersten paar hundert Metern, obwohl ein leichter Wind aufgekommen ist und die geschätzte Temperatur etwa fünf oder sechs Grad beträgt. Die Sonne und die Anstrengung wirken zusammen. Ich zerre kurz am Seil und stoppe die Männer vor mir, um einen von mehreren Pullovern auszuziehen. Oskar nutzt die Pause, um meine Bindung besser einzustellen, und danach fällt mir der Weg ein ganzes Stück leichter. Achttausend Meter Luftlinie bis zum Gipfel. Weiter geht's!

Die ersten Gletscherspalten! Vorsichtig prüft der Frontmann die Brücke aus Schnee. Hinüber dann auf eine Art und Weise, als wollte der Mann mit dem schweren Rucksack sich leichter machen. Als ich als letzter an der Reihe bin, blickte ich hinunter und bin überrascht, wie weit es in die Tiefe geht. Um Gottes willen! Da hineinfallen? Ohne Sicherungsseil würde ich mit zerschmetterten Knochen irgendwo da ganz unten landen. Wäre ich alleine unterwegs und würde vom Berg nicht zurückkommen, so würde wohl kein Suchtrupp der Welt mich jemals finden können. Die isländische Bergwacht voraus! Was habe ich nur für ein Glück, daß mir durch ein gnädiges Schicksal ganz unverhofft diese beiden da vorn beschert wurden! Immer mehr Spalten, die wir mit großer Vorsicht, aber auch zunehmender Routine überwinden.

Wir kommen höher hinauf, und ich beginne zu keuchen. Wir machen Kurzpausen, in denen ich trinken muß. Ich spüre die Ungeduld der beiden Gefährten. Reiß dich zusammen, Gerd! Gleichmäßig weiter, monoton Ski vor Ski. Ich will! Ich habe so unendlich lange hierher gewollt. Ich habe diese Traumbedingungen geschenkt bekommen. Keuche nur. Ich will da hinauf! Und einmal denke ich: Was für ein Herz. Sechs Monate nonstop auf See mit Minischlaf, und ich fühlte meine Pumpe nicht. Tage und Nächte im Nebel auf der Brücke, und ich fühlte mein Herz nicht, das mich auch jetzt nicht im Stich läßt. Kommt der Gipfel nicht schon näher? Die letzten zweihundert Meter sind eine steile Wand aus Eis, die jetzt deutlich zu erkennen ist, angst machend und zugleich verlockend. Und ich will! Meine Willenskraft hat mich auch bei früheren Unternehmungen hochgesteckte Ziele erreichen lassen.

Wir überqueren Kronprinz Olavs Gletscher, der bis unterhalb des Kraterrands fast gleichmäßig ansteigt. Eine schräge weiße Fläche umgibt uns, unstrukturiert und ohne irgendwelche herausragenden Felsen. Später werden die Freunde an Bord sagen, daß sie uns mit dem Fernglas verfolgen konnten. Ach ja! Da unten ist *Sposmoker II*, und die Perspektive hat sich verändert. Nicht mehr irgendwo schräg da unten auf dem Meer ist das Boot verankert, das ich mit bloßen Augen nicht mehr erkennen kann, sondern man hat den Eindruck, daß die Nordlagune und die alte Station ganz tief unter uns, fast direkt unter uns liegen. Wieder rufe ich mit dem »Walkie-talkie«.

Mein Freund Klein antwortet sofort: »Das Wetter ist gut. Oli und Beate sind zu einem kurzen Landausflug aufgebrochen. Herzliche Grüße. Over und out.«

Weiter im monotonen Ski-vor-Ski-Takt. Immer deutlicher die steile Wand aus Eis unter dem Kraterrand. Immer dünner die Luft. Es wird kälter. Gab es im unteren Bereich des Gletschers noch hier und da Schmelzwasser, gab es große nasse Flächen und Pfützen, so muß hier wohl Frost sein. Und noch eine Veränderung registriere ich bei den seltenen Blicken nach unten. Über dem Süden der Insel ziehen Wolken auf. Wir sind hoch über den Wolken. Auch sie sind richtig tief unter uns und mahnen zur Vorsicht. Auf dieser Hölleninsel werden die Tiefdruckgebiete geboren. Hier wird das Wetter gekocht, und einen freien Blick auf den Gipfel vor uns gibt es nicht alle Tage. Sprach der Meteorologe von der Station nicht auch von einem Wetterumschwung?

Weiter geht es. Ich will das Seil zum Vordermann schlapp halten. Ich will mich nicht ziehen lassen. Ich zwinge mich zum Vorwärts und Aufwärts, monoton, gleichmäßig, stoßweise atmend. Die Lungen lechzten nach Sauerstoff. Alles andere ist in Ordnung. Die Muskeln können noch. Ach, hätte ich doch viel mehr Gewicht abgespeckt! Ach, wäre der Rucksack doch nur halb so schwer. Über tausend Meter! Karl ruft die magische Zahl und gibt mir neue Kraft. Den Rest schaffen wir auch noch.

Wir kommen höher und dem Gipfel näher. Mechanisch setze ich Ski vor Ski, funktioniere ganz einfach von diesem unbändigen Willen getrieben, auf dem Gipfel stehen zu wollen. Schon meine ich, in der eisigen steilen Wand vor uns Strukturen zu erkennen. Nicht nur mehr eine Fläche ist das, sondern Vorsprünge und Schrunde lassen sich ausmachen, unterschiedliche Blautöne auch. Aber eine ganz andere Farbe macht mir Sorgen – unter uns im Tal. Die Wolken werden dunkler, und im Südwesten ist ein Schleier von Cirren zu sehen. Für jeden einigermaßen wetterkundigen Beobachter sind die Anzeichen klar. Was dort heraufzieht, bedeutet einen Wetterumschwung zumindest und, auf die Verhältnisse dieser Insel bezogen, ganz bestimmt Sturm.

Die beiden Männer vor mir machen halt, und ich schließe auf.

»Pause«, sagt Oskar.

Nur dieses eine Wort. Dann legt er seinen Rucksack ab und sichert ihn mit einem Skistock gegen das Wegrutschen. Der Schnee auf dem Eis ist kalt und trocken, und weil unsere Kleidung einigermaßen wasserdicht ist, können wir uns auf den quergelegten Skiern halbwegs hinsetzen. Der Blick geht nach Süden über die unendlich scheinende weiße Fläche, die wir schon bewältigt haben. Der ganze südliche Teil der Insel ist unter Wolken verschwunden. Eine klare Sprache. An dem Ergebnis dessen, was sich dort zusammenbraut, ist nicht zu rütteln.

Oskar spricht es zuerst aus. »Wir müssen umkehren, Gerd.«

Der Satz trifft mich bis ins Mark. Ein Gefühl, als würde ich geschlagen.

»Wir müssen umkehren, Gerd.«

Ich wälze mich schräg auf die Seite, um den Gipfel hinter mir zu sehen.

Dann beginne ich wider besseres Wissen zu betteln. »Und wenn wir hier irgendwo eine Mulde finden? Wenn wir das Zelt aufschlagen? Wenn wir warten, bis das vorbei ist? Denk doch nur, Oskar, denk an all die Pläne, von denen ich dir erzählt habe. Denk an all die Jahre, in denen ich hier herauf wollte. Immer wollte ich nach Jan Mayen. Immer wollte ich auf den Beerenberg. Seit sechs Monaten habe ich diese Expedition vorbereitet und jeden Tag dafür gearbeitet. Oskar? Können wir nicht irgend etwas tun? Müssen wir wieder runter? Laß dir doch was einfallen!«

Ich sehe Verständnis und vielleicht auch etwa Mitleid in den Augen des Isländers.

Wir schweigen lange und sehen die Sturmküche unter uns brodeln. Man kann die Augen vor dem herannahenden Sturm einfach nicht verschließen. Ein Orkan in dieser Höhe? Eiseskälte! Tagelang eingeschlossen sein mit zusammengeschmolzenen Vorräten. Nein! Nein! Alles Wunschdenken darf mir die Augen nicht verschließen.

Es ist Karl, der einen Schlußpunkt setzt: »Gerd! Weiter geht es nicht. Dies ist mein letztes Wort, und du wirst uns nicht überreden. Wir würden alle Fehler machen, die Bergsteiger nur machen können. Genieße den Ausblick. Wir ruhen uns noch ein wenig aus. Dann ziehen wir die Felle runter und fahren ab. Irgendwo weiter unten werden wir ein zweites Basislager einrichten. Vielleicht haben wir in einigen Tagen wieder günstige Verhältnisse.«

An Karls Statement ist nicht zu rütteln, und die Sprache ist klar. So habe ich selber geredet, als ich noch Verantwortung für andere hatte. So setzt man einen Schlußpunkt. Ende der Diskussion und natürlich muß ich mich fügen. Welche Möglichkeiten hätte ich denn? Ich allein? Unsinn! Die verrückte Idee wird sofort als glatter Quatsch abgetan. Natürlich muß ich mich fügen.

Unendlich weit scheint die Fläche um uns herum. Ganz tief unten ist das Meer nach West und Ost noch immer blau, nur im Süden durch die Wolken verdeckt. Nördlich von uns der Gipfel, der jetzt immer rötlicher angestrahlt wird. Belohnung oder Verlockung für die Zukunft? Alpenglühen auf Jan Mayen! Ganz klar und wie zum Greifen nahe ist die Wand dort in dieses kitschige leichte Rot getaucht. So grausam und so überirdisch schön und verheißungsvoll in dieser Stunde. Lange sitzen wir auf den Skiern, bis die Isländer beginnen, zum Aufbruch zu mahnen. Mühsam drehe und rappele ich mich hoch und fühle jetzt die Anstrengungen des Aufstiegs in den Gliedern. Dann heißt es Skier klar, Bindung verändern, Schuhe auf eng. Ich soll in ihrer Spur bleiben, weist mich Oskar an. »Wir werden einzeln ohne Seile fahren. Und größte Vorsicht bei den Spalten. Bleib in unserer Spur, Gerd. Mach genau das, was Oskar macht.«

Der nimmt erst etwas Fahrt auf und beginnt mit einem Telemark der Spitzenklasse. Lehrbuchhaft oder wie bei einem Schulungsfilm der Skilehrer. Den Telemark habe ich in den vierziger Jahren schon gelernt und später immer mal wieder gezeigt, wenn in unserem jährlichen Skiurlaub in den Dolomiten die Sprache auf diesen Stil kam.

Aber auf dem holprigen Eis und Schnee tue ich mich schwer, und von der herrlichen Darbietung Oskars bin ich weit entfernt.

Von Kindesbeinen an bin ich Ski gefahren. Zu Anfang viele Jahre mit jenen hölzernen Brettern, die man für Langlauf und Abfahrt gleichermaßen benutzen konnte. Der Massentourismus war noch nicht erfunden. Wenn man nach oben wollte, so bedeutete das fast immer einen mühsamen Aufstieg. Und zur Belohnung gab es eine herrliche Abfahrt im tiefen Schnee. Später kamen die gebügelten Pisten und die ganz andere Ausrüstung, und ich verlernte ein wenig die natürliche Art und Weise, mich auf den Brettern zu bewegen. Wenn ich ehrlich bin, mache ich jetzt keine gute Figur. Der Rucksack hat noch immer viel Gewicht und drückt zur Seite. Der holprige Untergrund besteht über Strecken aus hartem Eis. Mein Fahrstil ist eine Mischung aus Schneeflug, Stemmbogen und nicht ganz so gelungenen Telemarks. Einmal falle ich in einer Kurve, von der Last auf dem Rücken zur Seite gezogen. Da zappele ich nun wie ein Käfer und bin mit meinen Darbietungen überhaupt nicht zufrieden.

»Reiß dich zusammen! Karl dreht ein Video.«

Einmal kann ich am Rande einer Gletscherspalte gerade noch abschwingen. Dann blicke ich in die Tiefe und rufe mich zur Ordnung. Gib dir Mühe! Reiß dich zusammen! Willst du zum Ötzi von Jan Mayen werden? Es gibt aber auch große Flächen mit Firnschnee, und zuweilen macht die Abfahrt richtig Spaß. Im unteren Bereich des Gletschers treffen wir auf große Pfützen und Eismatsch. Wasserski! Bloß nicht hinfallen. Es ist ein ziemlicher Wind aufgekommen. Auf der großen Fläche ohne Windschutz nasses Unterzeug gegen eine trockene Garnitur aus dem Rucksack wechseln zu müssen ist keine gute Vorstellung. Wir nutzen auch die letzten schmalen Zungen aus Eis und Matsch, bis es über Lavabrocken und Geröll endgültig nicht weitergeht. Pause ist angesagt zum Essen und Trinken. Ich spüre Muskeln, deren Vorhandensein ich für lange Zeit vergessen hatte. Dennoch! Ich bin siebenundsechzig Jahre alt und dafür eigentlich ganz schön fit.

Oskar und Karl haben die Abfahrt sehr genossen und machen Pläne für einen neuen Aufstieg. Wir werden einen Teil der Ausrüstung, Ski, Zelt und Eispickel, hier unter einem Felsvorsprung lassen. Wir werden dann am Fuß des Gletschers noch einmal schlafen, vielleicht sogar weiter oben ein Lager einrichten und vor der Eiswand unter dem Kraterrand noch einmal eine längere Erholungspause einkalkulieren. Der Berg ruft. Dieser abgedroschene Satz ist sicherlich an Kitsch nicht zu überbieten. Dennoch ist der Gipfel unheimlich verlockend, in der Abendsonne rötlich angestrahlt. Der Himmel nach Westen ist rot. Der Gipfel leuchtet in der klaren Luft. Was immer geschehen mag, dieses Bild wird mich begleiten, und der Beerenberg steht weiterhin auf der Liste jener Pläne, die ich noch erledigen möchte. Aber dieser Berg verlangt einen hohen Preis, und der heißt Zeit. Viel Geduld muß man mitbringen, und die Belohnung ist in der Höhe zu sehen, verheißungsvoll und leuchtend rot.

Jetzt geht es zu Fuß weiter. Das Skifahren war beschwerlich. Der Marsch über große Lavabrocken und loses Geröll ist anstrengend. Merke ich doch mein Alter? Nach einem steilen Hang mit Beinbruchgefahr marschieren wir am Ufer eines kleinen Flusses entlang. Das

Wasser plätschert über die Steine und weckt Erinnerungen an viele Touren in den Alpen. So manchen Sommer bin ich dort unterwegs gewesen auf Wanderungen, die zuweilen auch in alpines Klettern ausarteten. Sommer in den Alpen und Sommer auf Jan Mayen – während dort der Duft der Nadelbäume und der Almwiesen die Nasen verwöhnte, gibt es hier nur Asche und Lava und manchmal auch einen Hauch von Schwefel. Unverwechselbar in allen Gebieten mit vulkanischen Aktivitäten ist dieser Geruch. Wir müssen das bequeme Tal verlassen und quälen uns einen Hang hinauf. Die Füße sind müde, und ich freue mich, daß ich mir keine Blasen geholt habe. Auf dem nächsten Hügel angekommen, sind ganz in der Ferne die Konturen der alten Station zu erahnen. Es wird langsam dunkel. So weit nördlich vom Polarkreis gibt es um diese Jahreszeit noch keine richtige Nacht, sondern eher das *northern twilight*, in dem man noch recht gut sehen kann. In der Steinwüste, die wir jetzt durchwandern, müßten wir bei tatsächlicher Dunkelheit wahrscheinlich auch bis zum Morgen kampieren. Zu uneben ist das Gelände, zu lose sind die größeren Brocken.

Beim Anblick der Hütte werden Oskar und Karl schneller. Als ich ankomme, haben die beiden schon Kerzen angezündet, was dem ohnehin gemütlich eingerichteten Raum eine ganz heimelige Atmosphäre gibt. Karl liegt lang, entspannt sich und macht autogenes Training. Oskar macht Yogaübungen. Ich genieße die trockene Wärme und denke an die feuchten Rümpfe des *Sposmoker II*, der nach einigen Versuchen auf UKW antwortet. Ein kurzer Bericht, was wir bisher getan haben. Dann verabrede ich den nächsten Anruf in Kürze.

Oskar und Karl wollen in der Hütte schlafen, was ich

ihnen nicht verdenken kann. Es gibt eine Telefonverbindung zur Hauptstation, und über diese Schiene und unser Bord-UKW können wir miteinander kommunizieren. Der nächste Sturm muß sowieso abgewartet werden und weil beide Schwierigkeiten hatten, sich an den Seegang zu gewöhnen, ist die Wartezeit an Land ganz gewiß gesünder. Wir machen Pläne für den nächsten Aufstieg nach Abflauen des Sturms, der sich jetzt unmißverständlich ankündigt. Wir wollen über verschiedene Lager, in denen wir uns jeweils ausruhen können, den Gipfel noch einmal angehen.

»Schlaft gut, ihr beiden, und träumt vom *Sposmoker II.*« Ich lasse ihnen meine Reste an Proviant und rufe das Boot, von dem ich höre, daß Oli schon am Strand wartet.

Ohne viele Worte zu machen, schieben wir das Dingi zu Wasser, und Oli macht den Fährmann. Am Heck von *Sposmoker II* angekommen, merke ich dann doch, daß die vielen Stunden auf den Beinen Wirkung zeigen. Dreißig Jahre lang habe ich als Lotse große Bordwände erklommen, und hier benötige ich für die paar Stufen meines Katamarans fremde Hilfe. Endlich an Deck, erzähle ich den Gefährten, was sich alles so ereignet hat, und trinke Unmengen von Saft. Hast dich wohl doch verausgabt? Hast doch wohl eine Menge schwitzen müssen? Todmüde falle ich dann endlich in die Koje, in der ich wohl gerade eingeschlafen sein muß, als auch schon ein Alarmstart angesagt ist. Wir treiben! Die Leine zum Landanker ist gebrochen. Erste Hammerböen treffen das Boot. In wenigen Minuten ist der Wind auf Sturmstärke aufgebrist.

Wir hatten ganz dicht vor dem Strand geankert.

Nachdem die Leine zu dem eingegrabenen Eisen gebrochen ist, driftet das Schiff vor dem zweiten Anker in Richtung Grönland. Sogar so dicht unter Land geht die See schon hoch. Im Halbdunkel sind »williwaws« zu sehen, so nennt man die bis zu dreißig Meter hohen wandernden Gischtfahnen aus hochgewirbeltem Schaum und Seewasser. Eiskaltes Wasser trifft mich im Gesicht und macht hellwach. Die Bergtour ist vergessen. Jetzt geht es um meine Gefährten und um mein Schiff. Aber weil ich nicht zum erstenmal von so einem plötzlichen Sturm überfallen werde, funktioniere ich auch wie eine programmierte Maschine.

»Anker hoch«, heißt das erste Manöver.

Wir hieven mit der bewährten Zweischotwinschenmethode. Ich versuche mit der Maschine zu unterstützen und bekomme Zweifel, ob die Backbordmaschine wirklich schiebt oder vielleicht noch gar nicht einkuppelt. Das Heulen des Sturms und die tobende Gischt übertönen alle anderen Geräusche. Wir bekommen den Anker aus dem Grund, und ich versuche, dicht unter der Küste nach Südwesten zu steuern, in Richtung Walroßbucht.

Wie mag es den beiden in der Hütte wohl gehen? Die steht zwar schon einige Jahre und hat manchem Sturm standgehalten. Es wird aber nicht gerade leise sein. Das ganze Bauwerk wird beängstigend wackeln. Bei solchem Orkan sind Männer, die es gewagt haben, vor die Tür zu gehen, einfach davongeflogen. Mit dem Fernglas sehe ich in Richtung alter Station und muß wiederum staunen, wie dicht unter Land, wie nur wenige Meter vom Strand schon weiß schäumende Brecher zu sehen sind. Wo wir so friedlich gelegen haben, wüten die Hammerfallböen und lassen das Wasser fliegen. Die Staubfahnen ziehen dort, wie ich sie von Feuerland oder der Antarktis kenne. Nicht umsonst hat man die Station an einen günstigeren Platz verlegt. Mir scheint, als kämen die Fallböen direkt vom Fels des Beerenbergs herunter. Bloß weg, so heißt die Devise, und die Walroßbucht ist das Ziel. Der beste Ankerplatz in dieser Hölle. Und bloß unter Land bleiben. Denn nur ein kleines Stück nach Westen geht die See schon hoch. Bloß nicht Höhe verlieren, denn es ist jetzt klar, daß ich nur eine Maschine habe. Der Backbordmotor läuft zwar, aber die Kraft kommt an der Schraube nicht an. Irgend etwas muß mit dem Getriebe nicht in Ordnung sein.

Die kurze Landzunge an der Westseite der Bucht endet in einem Felsen von etwa vierzig Meter Höhe. Eine senkrechte Wand ist dieses kleine Kap, ungefähr hundert Meter in der Breite. Jeder kleine Vorsprung, jede kleine Nische dient Vögeln als Nistplatz, weil sie dort vor Räubern von Land sicher sind. Ganz dicht vor der Wand ist das Wasser still. Als wir diesen kleinen Fleck, kaum größer als fünfmal die Fläche des Bootes, erreicht haben, treiben wir auf einer friedlichen Oase. Vorne und hinten und ein paar Meter nach Westen tobt die Hölle, ist fliegende Gischt, sind weiß gepeitschte Brecher. Ich halte das Schiff nur unter der Steuerbordmaschine im Schutz der natürlichen Mauer. Zwei Vögel hoch über mir fallen besonders auf in der Masse der anderen brütenden Tiere. Die beiden sitzen jeder auf seinem Nest und wirken wie ein Ehepaar auf einem Aussichtspunkt, ähnlich den Frauen, die mit einem Kissen auf der Fensterbank dem Leben und Treiben auf der Straße zusehen. Als unterhielten sich die beiden Tiere über das seltsame Gefährt, als sei plötzlich Abwechslung gekommen in ihr langweiliges

Brutgeschäft – warum nicht hier verweilen? Mit nur einer Maschine die Position zu halten ist nicht ganz einfach. Nach kurzer Beratung mit meinem Freund Klein entschließe ich mich zum Ankern. Eindampfen mit voll zurück, der Haken hält. Ich schicke alle schlafen und bin überhaupt nicht mehr müde.

Ich sitze an Deck und mache mir Gedanken, was mit der Backbordmaschine wohl los sein könnte. Sie läuft im Leerlauf ganz normal, aber die Energie kommt bei der Schraube nicht an. Irgend etwas muß mit dem Getriebe oder der Kupplung nicht in Ordnung sein. Ich erinnere mich, daß ich mitsamt dem Stuhl ein ganzes Stück in die Höhe flog, als wir vor der norwegischen Küste in den Netzrest hineinfuhren. Da wird das Getriebe einen schrecklichen Schlag bekommen haben, und vielleicht ist das die Ursache. Vielleicht ist hier aufs neue etwas in den Propeller getrieben, und irgend etwas rutscht nun. Ich muß auf jeden Fall versuchen, der Sache auf den Grund zu gehen. Denn mit nur einer Maschine sind wir schwer gehandikapt. Ich versuche auch, vom gegenüberliegenden Rumpf aus, irgend etwas zu entdecken. Das Wasser ist klar, und wenn man sich weit genug hinunterbeugt, kann man den gefalteten Propeller deutlich sehen. Da hängt aber nichts dran, da schleppt nichts nach. Aber dafür entdecke ich eine steinerne Schwelle dicht hinter den Hecks, die uns bei fallendem Wasser gefährlich werden könnte. Lieber fort hier, ehe wir uns noch einen Schaden an den Ruderblättern einheimsen. Ich bemerkte auch eine leichte Wetterbesserung. Irgendwie scheint der Winddruck nachzulassen, und die See geht nach Westen zu nicht mehr so hoch. Zum Strand der Walroßbucht müssen wir ohnehin, damit wir irgendwann den verlorenen Anker wiederbekommen und weil wir auch die Gefährten an Land wieder einsammeln müssen.

Beate und Klein lasse ich schlafen. Ich wecke Oli und bespreche den Plan mit ihm. Wir werden hier hieven, und weil der »normale« Anker mit Kette auf diesem schlechten Grund nicht halten würde, müssen wir einen Anker an Land eingraben. Zusätzlich wollen wir irgendwo eine Leine festmachen, damit wir endlich, ganz sicher vertäut, zur Ruhe kommen können. Also los und nur mit der Steuerbordmaschine gegen den noch immer kräftigen Puster in Richtung Strand.

Trotz des sehr starken ablandigen Windes läuft eine ganz leichte Dünung gegen das Ufer der Bucht. Als ich ganz nah vor der schwarzen Asche bin, sehe ich deutlich, daß wir nicht einfach mit den Steven auf den Sand laufen können. Der ganze Strand ist mit Steinen bedeckt, und die Steven werden auch auf und ab gesetzt werden. Dennoch habe ich keine andere Wahl. Wir müssen uns an Land festkrallen, sonst werden wir sofort wieder vertreiben. Also mit Mut drauflos. Ein wenig Gas nehme ich weg. Oli steht ganz vorne klar, dann poltert der Steuerbordsteven auf die Klamotte und beginnt auch sofort, im Rhythmus der niedrigen Brandung durch Asche und Kiesel hin und her zu rutschen.

»Spring, Oli! Spring!«

Er macht einen Satz, daß ich fürchte, er bricht sich gleich die Beine. Dann schleppt er auch schon den Anker hoch und gräbt so kräftig, daß der Dreck nur so fliegt. Große Felsbrocken trägt er zusammen, packt sie auf das tief eingebuddelte Eisen und ist schon wieder am Schiff, um eine zweite Leine zu holen. Ein Glück nur, daß ich so viele Meter Tauwerk in der Last habe. An einem Felsbrocken vertäut Oli den Tampen, ist zurück am Boot, zieht sich auf den Steven, und ich gehe mit der Steuerbordmaschine rückwärts, damit das nervtötende Aufschlagen auf den Strand zu Ende ist.

Wie hat diese Bucht beim ersten Ankern doch so viel friedlicher ausgesehen! Die steilen Ufer zur Linken und zur Rechten, schwarz bis dunkelgrau, verlieren sich in der niedrigen Wolkendecke. Das schmale Tal voraus verliert sich im Nebel. Wo der Jeep der Station über die schräge Piste herunterrumpelte und schaukelte, ist jetzt nur eine dunkle Fläche ohne Konturen zu sehen. Beates Bemerkung vom Horrorfilm, den man hier drehen könnte, fällt mir wieder ein. Wie menschenfeindlich scheint dieser gottverlassene Platz. Was für ein schrecklicher Ort, an dem vor ein paar hundert Jahren die ersten Walfänger mit ihrer primitiven Ausrüstung überwintert haben. Hier hat noch nie ein Kind im Sand gespielt, das fröhliche Lachen einer junge Frau von guter Laune gezeugt. Aber was sind das für Gedanken? Wollte ich es anders haben? Bin ich zu müde? Sehne ich mich nach einem Sommertag an der Kieler Förde?

Die Station fragt auf UKW, ob alles in Ordnung sei. Wir erzählen, was sich alles inzwischen getan hat und wo wir sicher vor Anker liegen. Und man möge doch bitte auch die Gefährten in der alten Station informieren. Die Antwort auf meine Frage nach den Wetteraussichten klingt überhaupt nicht schlecht. Wenn alles eintrifft, was prognostiziert wird, können wir vielleicht am nächsten Tag einen neuen Versuch wagen. Auch diese Idee bitte ich den beiden Isländern schon mal durchzutelefonieren. Dann gehe ich zur Koje, in der Hoffnung, mich endlich ausruhen zu können von den letzten Tagen, an denen ich kaum geschlafen habe.

Normalerweise bin ich auf meinem Schiff sofort hellwach, wenn ich gebraucht werde, und meistens stehe ich schon auf, bevor man mich weckt. Wir sind ganz einfach zu lange miteinander unterwegs gewesen und enge Vertraute. Daß Schiffe eine Seele haben und eine ganz unverwechselbare Persönlichkeit ist ja hinlänglich bekannt. Jetzt aber muß Beate mich nicht nur anrufen, sondern sogar an der Schulter rütteln, um mich wach zu kriegen. Aus unendlich weiter Ferne komme ich allmählich in die Wirklichkeit der Walroßbucht auf Jan Mayen zurück. Dann höre ich die Botschaft. Die Landleine zu dem großen Felsen hat sich auf den scharfen Steinen durchgescheuert. Der eingegrabene Anker slippt durch die lose Asche. Wir treiben schon wieder in Richtung Grönland.

»Weck bitte die anderen, Beate. Wir müssen hieven und neu rangehen.«

Dann steige ich in den kalten und feuchten Überlebensanzug und bin endlich ganz hellwach, als ich die falschen Gummistiefel erwischt habe, die mit dem Loch, die innen naß sind. Zum Glück habe ich mehrere Paar Stiefel an Bord, und die Panne läßt sich schnell beheben. Raus an Deck und Maschine an!

Wie schnell wir treiben, wenn der Anker erst einmal rutscht! Ganz weit weg ist der Strand, vor dem wir soeben noch so nah und ganz friedlich gelegen haben. Um die Drift zu verlangsamen, will ich mit der Steuerbordmaschine voraus gehen. Aber die Teufel von Jan Mayen haben noch längst nicht alle Trümpfe ausgespielt. Die Schraube blockiert. Die Maschine wird sofort abgewürgt. Nun brist der Wind schnell auf, und als der Anker oben ist, haben wir, entgegen allen Vorhersagen, schon wieder so was wie sieben oder acht Beaufort. Sturmfock und gerefftes Groß. Wir müssen versuchen, in die Bucht zu kreuzen.

Manche Vorurteile sind aus den Köpfen der Menschen nicht herauszubekommen. Katamarane laufen keine Höhe. Das mag für gewisse Selbstbauten aus Spanplatten vor vierzig Jahren mal gegolten haben. Moderne Katamarane schlagen jedes Kielschiff, und die wunderbaren Eigenschaften von *Sposmoker II* haben sich in schwierigsten Situationen immer wieder bewiesen. Judel Vrolijk gehören nun mal zu den besten der Konstrukteure. Und gut segelnde Schiffe und dieses Ingenieurbüro gehören einfach zusammen. Mit Sturmfock und gerefftem Groß gewinnen wir Höhe. Gleichzeitig legt der Wind zu auf Sturmstärke. Die Kreuzschläge werden kürzer, je weiter wir in die Bucht hineinkommen, und in mancher Wende werden wir auch wieder zurückgetrieben. Um die ganze Strecke auszunutzen, gehe ich erst dicht vor den Steinen über Stag. Dort herrscht über dem steilen Ufer auch mal Wirbelwind durch Fallböen. Einmal muß ich mich ganz schnell zu einer Halse entschließen, wobei das überkommende Großsegel mit solcher Wucht getroffen wird, daß es im unteren Bereich einfach quer durchreißt. Runter damit! Der lange Riß wird in einem Reff eingebunden, wonach wir nur noch den kleinsten Fetzen Großsegel fahren und die Sturmfock. Kreuzschlag um Kreuzschlag. Faustschläge treffen den Mast. In einigen Böen ist solch eine Gewalt, daß ich einmal den verrückten Gedanken habe, das schwere Schiff könnte ganz einfach angehoben werden. Und wieder bin ich dankbar für die ganz wunderbaren Gefährten, die mich zuverlässig und sachkundig bei den Manövern unterstützen. Da wird keine Schot zu früh losgeworfen oder zu spät durchgeholt. Da klappt jede Wende. Bei solchen Abenteuern zeigt sich, was ein gutes Team ist.

»Danke, ihr drei. Ich hätte euch von Herzen zwei funktionierende Maschinen und Schrauben gegönnt.«

Niemand weiß, wie lange wir gearbeitet haben. Ganz plötzlich und wie abgehackt ist der Wind weg. Als sei das Auge eines tropischen Wirbelsturms über uns. Wie kann der Wind nur von Sturmstärke in wenigen Minuten auf ein bis zwei Beaufort abflauen? Wo kommt die totale Flaute bloß her? Schon haben wir das Dingi im Wasser, vertäuen es längsseits, wie die Amerikaner ihre Hafenschlepper, und mit Hilfe des starken Außenborders geht es ganz langsam in Richtung Strand. Das Boot ist jetzt schwierig zu steuern und wird von gelegentlichen kurzen Böen vom Kurs gebracht oder zurückgetrieben. Ob wir nicht doch versuchen sollten, den Steuerbordpropeller zu klarieren? Ich habe den Satz noch nicht ganz zu Ende gedacht, auch nicht auszusprechen gewagt, als Oli schon meint, daß er versuchen will zu tauchen. Mein Gott! Das Wasser hat vier Grad Celsius. Das hält doch auch ein hartgesottener Wikinger oder Isländer nicht aus. Aber der Junge hat den Überlebensanzug schon an, schärft das Messer, bindet sich die Säge an den Gürtel und verschwindet prustend im Wasser. Vier Grad Celsius. Das tut an den nackten Füßen richtig weh. Das dringt auch wie Eis in den Anzug, das läßt sich nicht lange durchhalten. Es hilft nichts. Wir bekommen die Schraube nicht klariert. Wir bekommen auch wieder Wind. Erneut ist Kreuzen angesagt.

Wer nicht an Zufälle glaubt, sondern nur an Fügungen, dem wird man nicht ausreden können, daß die innere Stimme zuweilen auch etwas mit göttlicher Eingebung zu tun hat. In so vielen extremen Situationen habe ich auf meine innere Stimme vertraut, und deshalb ist es ein Selbstgänger, die Sache zumindest zu versuchen. Klein hat ganz plötzlich die Idee, wir sollten doch einfach die Backbordmaschine mal wieder einsetzen. Und das Getriebe kuppelt ein! Irgend etwas muß sich richtig hingewackelt haben. Die Backbordschraube gibt Schub, und wir fahren die letzten dreihundert Meter dann doch besser mit dem Motor statt zu kreuzen. Wieder geht es mit geringer Fahrt auf den Strand. Oli springt rechtzeitig ab in knietiefes Wasser. Was macht es noch aus, er ist ohnehin durchnäßt. Ganz hoch bis jenseits der Brandungskante schleppt der Junge den Anker und gräbt ihn besonders tief ein. Viele Steine obendrauf, und die durchgescheuerte Leine wird ersetzt. Wir sind mit Anker und Kette und einem kräftigen Ende mit Jan Mayen verbunden. Ein UKW-Gespräch zur Station und von dort per Telefonverbindung auch mit den Isländern in der Hütte. Ich schildere die augenblickliche Situation und daß mit Ausnahme der Maschinenprobleme alles in Ordnung ist. Entgegen der früheren Vorhersagen wird es wieder Sturm geben, so höre ich. Um ganz sicher zu sein, frage ich auch meine Freunde vom deutschen Wetterdienst in Hamburg. Schon heute nacht soll es aufbrisen und gegen Morgen möglicherweise auch wieder Orkanstärke erreichen. Da heißt es schnell schlafen, ehe der nächste Tanz beginnt.

»Gute Nacht Beate. Gute Nacht, Freund.«

Ein paar wenige einigermaßen friedliche Stunden, dann brist es auf wie versprochen. Der prognostizierte Sturm kommt. Jetzt geht es aber richtig los! Klein und ich schlafen eigentlich in verschiedenen Rümpfen, aber jetzt treffen wir uns an Deck, weil das Rütteln am Boot und das Heulen uns geweckt hat. Peitschender Regen und ganz viel Sand und Asche erschweren die Sicht. Das schmale Tal dort an Land muß wie eine Düse wirken, und *Sposmoker II* liegt im Windkanal. Bei Kontrollgängen nach vorn werde ich fast vom Hauptbeam geweht. Gedanken an einen Taifun kommen auf, den ich in Japan abwetterte. Da mußten sich die Männer mit aller Kraft an den eisernen Stützen der Verschanzung festkrallen, um nicht einfach davongewirbelt zu werden. Dort war, ähnlich wie jetzt hier, der Druck auf die Lungen so groß, daß man meinte, nicht mehr atmen zu können. Verständigung war nur durch lautes Schreien am Ohr des anderen möglich. Und es brist noch weiter auf, wo doch eigentlich keine Steigerung möglich schien. Die Böen treffen das Boot jetzt so hart, als sollte es von einem gewaltigen Vorschlaghammer zerschmettert werden. Einmal frage ich mich, ob der so stark verstagte Mast nicht ganz einfach umgeweht werden kann. Dann staune ich beim Anblick der Kette, trotz all der Orkane, die ich schon abgewettert habe. Die schwere Kette läuft ganz straff und ohne leichtestes Durchhängen, läuft schnurgerade zu dem eingegrabenen Anker. Fünfzig Meter ganz waagerecht vom Anker zur Führungsrolle. Wie viele Tonnen Zug sind wohl nötig, um die schweren Kettenglieder so stramm zu halten? Auch die Landleine ist straff gespannt. Möge der ganze Kram bloß halten!

Immer wieder versuche ich mit dem Fernglas, die Steine auf dem eingegrabenen Anker zu kontrollieren. Wenn das Eisen wieder durch die relativ lose Asche gezogen wird, hängen wir nur noch an der Leine zum großen Felsen. Für den Fall, daß wir auf Drift gehen, können wir mit den Maschinen nicht rechnen. Dann werde ich nur vor der Sturmfock in Fahrt gehen. Vielleicht nur vor Topp und Takel treiben. Für alle Fälle bitte ich Beate, den Überlebensanzug anzuziehen und eine Rettungsweste zu tragen.

»Warum machst du mir Angst?«

Ich erkläre ihr, daß unsere augenblickliche Lage auch in Strandung an der Ostseite der Bucht oder auch in Totalverlust enden könnte. »Nur für alle Fälle, Beate.«

Dann überlege ich den *worst case* und mache mir klar, daß einzig und allein unsere Erfahrung und unsere Seemannschaft uns helfen kann. Fremde Hilfe gibt es hier nicht, und wäre ein anderes Boot, ein anderes Schiff in der Nähe, so hätte es in jedem Fall mit sich selbst zu tun.

Und immer weiter diese Schläge eines gigantischen Hammers. Immer weiter der unfaßbare Druck auf das Boot. Längst habe ich vergessen, welche Tageszeit es ist. Schon lange zähle ich die Stunden nicht mehr, die wir drei wortlos an Deck stehen, um im Notfall sofort das Richtige tun zu können. Dann slippt der Anker! Ich sehe mit dem Fernglas, wie die schweren Steine über dem Eisen in Bewegung kommen. Ich sehe, wie das Ding aus der Asche gerissen wird wie aus Pudding. Das Boot marschiert, nur noch an der Landleine fest, nach rechts vor dem Strand entlang, und Anker und Kette rutschen ganz einfach über den schwarzen Sand. Nur noch Butter ist der Kram dort drüben und hält absolut nicht. Eine zweite Leine! Oder wir gehen auf Drift. Und da ist dieser unglaubliche Oli auch schon bereit. Kaum habe ich ihm das Ende angeknotet, da hangelt er sich auch schon an der letzten Leine hinüber. Mit Händen und Füßen hängt er, hangelt sich vorwärts, wird auch eingetaucht in das vier Grad kalte Wasser und wird wieder herausgezogen, wenn das Ding straff kommt. Was für ein Mann, der jetzt mit der zweiten Leine hochläuft, die er an einem großen Klotz festbindet! Was für ein wunderbarer Gefährte, der sich hier ein Denkmal setzt. Das ist Heldentum pur. Nur wenige Männer sind mir bekannt, die zu solchen Leistungen fähig gewesen wären. Als er zurück ist an Bord, drücke ich ihm stumm die Hand. Wir beide verstehen uns.

Irgendwann scheint die Gewalt des Sturms gebrochen. Es gibt noch ganz hartes Einrucken in die nun gelegentlich auch etwas loser kommenden Leinen. Es gibt weniger fliegende Asche in der Luft. Der Druck ist raus, und ich bin gewiß, daß wir das Schlimmste überstanden haben. Gespräch mit dem Deutschen Wetterdienst in Hamburg. Es soll langsam weiter abflauen, die Richtung wird sich keinesfalls ändern. Letzteres ist mir besonders wichtig, weil wir bei einer Winddrehung auf Legerwall sein könnten. Auch von der Station lasse ich mir einen Bericht geben und insistiere mehrfach bei der Frage nach einer Richtungsänderung. Nein, drehen wird der Wind nicht. Aber auf der Station hat man über sechzig Knoten gemessen. So ähnlich haben wir es auch gefühlt, und es kamen ja noch die Düsenwirkung und der Fallwindeffekt dazu.

Ach ja! Der Mensch denkt und Gott lenkt. Oder sind es die Teufel der Hölleninsel, die mich unbedingt kleinkriegen wollen? Wieder dieser Wirbelsturmeffekt. Gar nicht lange nach unserem Gespräch eine plötzliche Windstille. Weil ich ahne, was kommen wird, bringen wir ganz schnell das Dingi aus. Aber der Außenborder kommt gegen die einsetzende Brise nicht an.

»Abtauen, Oli! Abtauen!«

Immer näher treiben wir jetzt auf den Strand. Ein letzter Versuch, Anker und Leinen nach See auszufahren. Zu spät, die Steven schlagen im Rhythmus auf schwarze Asche und eingelagerte Steine. Das Wasser fällt! Wir sind in der Walroßbucht auf Jan Mayen gestrandet!

Immer wieder habe ich in der Vergangenheit mal mit Booten festgesessen. Wer weltweit zur See fährt, muß gelegentlich Barren überqueren, auf denen dann auch große Frachter aufsetzen. Bestimmte Flußmündungen, der Rio Magdalena in Kolumbien sei genannt, lassen sich einfach nicht anders passieren. Sind mir Strandungen vertraut? Das nervtötende Krachen hat jedes Mal ganz furchtbar weh getan. Wenn ein Schiff aufsetzt, wenn die Verbände stöhnen, ächzen und knacken, furchtbare Stöße Rumpf und Aufbauten erschüttern, dann blutet eines jeden Seemanns Herz. So schrecklich ist es, daß ich alte Männer weinen sah, wenn sie vom Totalverlust an der patagonischen Küste, von Strandungen auf einem Atoll im Pazifik berichteten.

Sposmoker II setzt jetzt rhythmisch auf. Das Wasser fällt, die Schwerter kommen hoch. Dann sind wir so weit trocken, daß das Steuerbordruder den steinigen Strand berührt. Weil das Schiff leicht schräg liegt, wird das Blatt auch seitlich belastet. Das Ruder! Das Ruder! Mit dem ganzen Gewicht stößt das Boot auf dieses wichtige Teil. Keine Maschinen. Und jetzt ein oder beide Ruder verlieren! So dreckig ist es mir lange nicht gegangen. Als wir endlich richtig fest liegen, richtig trokken gefallen sind, empfinde ich so etwas wie Erleichterung, weil das nervtötende Aufsetzen fürs erste vorbei ist. Am schlimmsten ist das Poltern der Steine. Es ist keine hohe Brandung. Es steht nur eine flache Dünung in die Bucht, und, bezogen auf die Verhältnisse Jan Mayens, brechen sich nur flache Wogen ganz wenig. Mit jeder Welle wird dennoch eine Mischung aus Sand und Steinen hin und her gespült. Der Kram kratzt und poltert an die Rümpfe, daß es nicht zum Aushalten ist. Der starken Bordwand aus Triaxialgelege und Epoxi droht keine Gefahr. Die Steven habe ich schon bei mancher langen Eisfahrt getestet. Aber der Lärm im Resonanzkörper der achtzehneinhalb Meter langen Rümpfe geht gewaltig auf die Nerven. Also weg von dem scheußlichen Geräusch, weg vom Schiff. Ich klettere an der Strickleiter auf die schwarze Asche.

Aus der Ferne betrachtet, wirkt der Anblick des gestrandeten Bootes gar nicht so furchtbar. Ohne eine Bewegung liegt der große Kat schräg auf dem Ufer, als sollte das alles so sein. Nur die düstere Stimmung unter den Wolken paßt nicht zum Weiß der Rümpfe, zum Rot des Mastes, zu einem schnellen Kat, der an Sommersonne, Lebensfreude und blaue Fluten denken läßt. Ich wandere ein wenig herum und bin insgeheim glücklich, daß ich dieses wunderbare Schiff besitze. So stark, so unverwüstlich ist *Sposmoker II* und Welten entfernt von den Schüsseln aus Hostalen die für Hafenlieger und zum Wohnen auf den Markt gebracht werden, mit denen ich solche extremen Ziele niemals ansteuern würde. Und noch einmal denke ich voller Dankbarkeit an die begabten Konstrukteure, denen der Kat dort auf der schwarzen Asche solch wunderbare Segeleigenschaften zu verdanken hat. In dem Sturm, der hinter uns liegt, noch aufzukreuzen – welches Segelboot kann das schon?

Wie wird es weitergehen? Ob wir wohl wieder freikommen? Es wäre ganz schrecklich, ausgerechnet auf dieser einsamen Insel gefangen zu sein, vielleicht bei auflandigem Sturm das Schiff verlieren zu müssen. Da habe ich in meinen Briefen nach Bodö getönt, daß wir uns selber helfen werden, daß ich den Norwegern nicht zu Last fallen werde. Alle Verantwortung wollte ich übernehmen. Und dann vielleicht ein zerschmettertes Wrack in der Walroßbucht! Die Fotos in den Zeitungen von Oslo bis zum Nordkap. Die Schlagzeilen auf den Frontseiten mag ich mir gar nicht vorstellen. Wir müssen ganz einfach wieder flott werden, und noch ist ja auch nichts verloren. Bei der nächsten Flut will ich aufschwimmen und freikommen. Freihieven müssen wir uns, und vielleicht bekommen wir die blockierte Schraube wieder zum Drehen.

Der Saildrive an Steuerbord wird im Rhythmus der Minibrecher überspült. Zuweilen laufen die Wellen so weit zurück, daß die Schraube zu sehen ist. Dann wieder ist sie einen halben Meter oder mehr unter Wasser. Wer dort arbeiten will, wird pudelnaß werden. O wunderbarer Oli, der sich jetzt wieder den Überlebensanzug greift, in dem er vor gar nicht langer Zeit tauchte. Als er sich hineinzwängt, gibt es einen Schmerzensschrei wegen der Eiseskälte und Nässe im Futter. Dann wärmt das isländische Heißblut das Ding von innen. Bloß schnell in die

Fluten, damit er nach getaner Arbeit wieder in trockene Klamotten kommt. Aber in den Schlitz zwischen Propeller und Buchse ist ein Ende hineingewürgt, das wir nicht herausbekommen. Ich habe es schon öfter erlebt, daß Kunststoffleinen oder Perlonnetze sich durch Reibung erhitzen und zu einem Plastikkuchen verschmelzen, wenn sie sich um eine Welle wickeln. So ähnlich ist es auch hier. Wir können den fest verschweißten Rest weder herausschneiden noch meißeln noch mit Gewalt abziehen. Die Steuerbordschraube müssen wir wohl vergessen, und mit dem Backbordgetriebe können wir nicht rechnen.

Im Nebel am Hang sind zwei Autoscheinwerfer zu sehen. Das Taxi *Aurora* schaukelt über die Aschenpiste herunter zu uns, und der stellvertretende Stationsleiter steigt aus. Er bietet *manpower* an, falls wir das Schiff ins Wasser schieben müssen. Aber ich kann ihn beruhigen und bemühe mich, wie selbstverständlich darzustellen, daß wir bei der nächsten Flut aufschwimmen werden und uns freihieven wollen. Bloß keine Panik! Bloß keine vorschnellen Aktionen und Alarm irgendwo. Bloß kein Aufsehen ist meine Devise. So versuche ich ganz ruhig zu wirken und die Strandung mehr als Trockenfallen darzustellen, das nötig war, um die Schraube zu klarieren. Der Mann hat auch den Anker dabei, den wir an Land eingegraben zurückließen vor der alten Station, als die Leine brach. Damit ist auch dies Problem gelöst, und bis auf die beiden Männer in der Hütte ist alles wieder da, wo es hingehört.

Vom Auto aus kann ich mit der Station und Karl und Oskar sprechen. Die schlechte Nachricht heißt, daß wir mit einer Wetterbesserung auf lange Zeit nicht rechnen können. So ähnlich hörte es sich auch an, als ich mit Hamburg sprach. Es wird trübe bleiben und windig. Eine Kette von Tiefdruckgebieten wird über Jan Mayen hinwegziehen. Eine Besteigung des Bergs ist auf absehbare Zeit nicht möglich. So verabrede ich schweren Herzens mit Karl und Oskar, daß das Basislager geräumt werden soll. »Erinnerst du dich an den gestrandeten Wal?« fragt Oskar. »Es werden Wissenschaftler herfliegen, die die Todesursache untersuchen möchten, und es werden Fachleute herkommen, die das Tier präparieren wollen für ein Museum in Norwegen. Wir dürfen mit dem Flugzeug zurück und brauchen nicht mit dir zu segeln.« Ich denke eine Sekunde lang an die Kosten und daran, wo sie bleiben wollen, bis der Flieger kommt. Aber als hätte Oskar meine unausgesprochenen Bedenken erraten, sagt er, daß sie in der Station willkommen seien, wie lange die Wartezeit auch dauern möge, und daß sie die Sache mit dem Flieger selber regeln werden. Mensch, Oskar! Dann sehen wir uns hoffentlich gesund in Reykjavik. Wenn ich alles bilanziere, was ich hier jetzt an Neuigkeiten zusammen habe, dann ist die beste Lösung, noch heute nacht wegzusegeln, wenn das Schiff, wie geplant, wieder flott ist. Ein wenig Flachserei noch über ein Wiedersehen im nächsten Jahr und daß sie keine Langeweile haben sollen und daß sie dem Piloten sagen, er möge doch vorsichtig fliegen, ich bräuchte sie noch für die Besteigung des Beerenberg ...

Es gab irgend etwas ganz Leckeres zu essen, daran kann ich mich erinnern. Aber meine Gedanken kreisten mehr um die Flut und um das Hochwasser, das wir um Mitternacht erwarteten. Wie es wohl werden würde? Ob wir wohl mit dieser Tide freikommen würden? Hoffentlich brist der Wind nicht auf aus der verkehrten Richtung. Aber die Meteorologen von Hamburg und von der Station waren sich doch einig in der Überzeugung, daß dies auf keinen Fall geschehen würde ...

Eigentlich hätten wir jetzt viel mehr ablandigen Wind haben müssen. Dabei ist es entgegen der Vorhersage noch immer ziemlich windstill. Warten ist angesagt. Tun kann man doch nichts, also lege ich mich hin und schlafe tatsächlich trotz des Wahnsinnsgepolters der Steine ziemlich bald ein. Wie lange bin ich eigentlich wach gewesen? Da war vor etlichen Tagen die Ansteuerung der Insel. Ankern und Besuch der Station. Verlegung des Ankerplatzes. Besteigung des Berges. Vertreiben und Sturm. Wieder Sturm mit all den Abenteuern. Ich muß mehrere Tage lang auf den Beinen gewesen sei. Danke, Gott, für solch robuste Gesundheit. Vielleicht habe ich sie meinen bäuerlichen Vorfahren zu verdanken? Generationen in gesunder Luft auf der Halbinsel Eiderstedt. Landleben und gesunde Ernährung mögen den Grundstein gelegt haben.

Wahrscheinlich wache ich auf, weil die Stille mich weckt. Die Steine poltern nicht mehr, und das Wasser ist zur Hälfte da. Jetzt brechen sich die Wellen wieder am Strand, und der Kat wird erneut brutal rangenommen. So schrecklich ist dies Stoßen auf Steine und Asche. Beängstigend das rhythmische Aufsetzten des Ruders. Aber wir müssen Geduld haben. Solange *Sposmoker II* noch mit seinem halben Gewicht auf den Grund drückt, wird alles Bemühen vergeblich sein. Ich wandere an Deck herum wie mein Freund Klein. Kurze Bemerkungen gelegentlich nur.

»Wasser steigt ja schnell. Ein Glück, daß der Wind nicht dreht. Vor Mitternacht haben wir kaum eine Chance.«

Hin und her wandern. Zuweilen fasse ich die Leine an, die zum weit hinten ausgebrachten Anker führt. Ich habe ein paar Buchten um eine der Winschen gelegt und halte das Seil gestrafft. Mit der Maschine können wir nicht rechnen. Weil der Saildrive im Sand aufsaß, konnten wir den Propeller nicht drehen. Aber nach allem, was ich gesehen habe von dem eingeschmolzenen, eingebrannten Stück Plastik, das einmal eine Leine war, wird sich das Ding wohl nicht drehen. Warten! Weiter warten!

Der ablandige Wind hat etwas aufgefrischt. Das Wasser steigt weiter. Gelegentlich habe ich den Eindruck, daß das Boot schon schwimmt. Dann versuche ich die Leine zum Anker zu hieven, möchte aber auch vermeiden, daß das Ding bricht und wir neue Schwierigkeiten bekommen.

»Dreht sich das Schiff nicht schon?«

Ich habe das elektrische Selbststeuer auf Stand by geschaltet. Die elektronische Anzeige ist noch der genaueste Kompaß an Bord. Haben wir uns doch ein wenig gedreht? Dann setzt das Ruder besonders hart auf, so daß mir die Haare zu Berge stehen. Ein tiefes Wellental vor einer besonders hohen Woge! Und diese Woge bringt die Freiheit. Ehe wir wieder aufknallen können, hieve ich, was das Zeug hält. Das Schiff dreht. *Sposmoker II* schwimmt.

»Hiev, Gerd! Zieh!«

Da ist Beate schon am Mast und reißt die Segel hoch. Der ablandige Wind muß mithelfen. Bloß weg von dem Teufelsstrand. Bloß weg von der Hölleninsel.

»Anker ist auf«, ruft Klein.

Wir segeln unter Groß und Sturmfock. Wir sind frei! Wir segeln! Eine leichte Brise treibt uns aus der Walroßbucht, die uns fast zum Verhängnis geworden wäre. Ach, Jan Mayen! Ich rufe die Station, um mich zu verabschieden und um die beiden Isländer zu grüßen.

Der kurze Schlaf beim Poltern der Steine hat fürs erste genügt. Ich bin wieder fit und kann deshalb Beate und meinen Freund schlafen schicken. Die beiden müssen ja auch todmüde sein. Bis sechs Uhr morgens werde ich Wache gehen, und danach sehen wir weiter. Dann beginnt die Routine eines ganz normalen Seetörns. Der Autopilot steuert, ich kontrolliere die Lampen, den Kurs, die Segel und halte Ausguck. Geringe Fahrt nur, weshalb ich erst nach drei Stunden an der Südspitze Jan Mayens stehe. Es kommt mir vor, als sei es Jahre her, da wir diese zerklüfteten, von Vegetation grün angehauchten Steinhaufen passierten. Wer kann in die Zukunft sehen? Werde ich nächstes Jahr hier wieder herumkreuzen? Wird man mich überhaupt noch einmal lassen? Dann bin ich damit beschäftigt, die Sturmfock gegen die große Genua auszutauschen, was für einen müden Mann ein ziemlicher Aufwand ist. Island voraus! Der übliche Nebel hüllt mich ein.

Drei waagerechte Striche übereinander sind das Symbol für Nebel, und eine liegende Acht ist das Symbol für Dunst. Die Zeichen werden in meteorologischen Tagebüchern oder Schiffstagebüchern verwendet und zieren die Seiten, auf denen die nächsten Tage dokumentiert sind. Nebel und Regen und Regen und Nebel. Eintöniges Grau umgibt uns. Haben wir nicht dennoch Grund zur Freude? So frage ich meine Gefährten. Östliche Winde von zwei bis drei Beaufort schieben uns nach Süden. Kein Sturm in dieser stürmischen Gegend, und mit jeder Meile, die wie vorwärts kommen, steigt die Wassertemperatur. Es wird deutlich wärmer. Der Wind dreht über Nordost auf Nord und frischt am Ende der Überfahrt auf, damit die alte Regel wieder stimmt, *Sposmoker II* wird bei Annäherung an einen Hafen immer schneller. Und noch eine andere Erfahrung bestätigt sich aufs neue: Blockierte Schrauben sind auch auf früheren Reisen durch schnelle Fahrt freigespült worden. Irgendwann versuche ich mal die Steuerbordmaschine ein- und auszukuppeln, und siehe da, der eingeschmolzene Plastikkuchen muß sich gelockert haben. Wir haben zumindest auf Steuerbord wieder einen Motor. Das Anlegen unter Segeln in Akureyri bleibt mir erspart.

»Warum segeln wir nicht nach Reykjavik«, fragt Beate.

»Das wäre ein Umweg«, heißt die Antwort.

Von Akureyri haben wir den kurzen Weg nach Hause, und die Freunde können wir auch über Land mit einem Mietwagen besuchen.

Es gibt nicht viel zu tun während dieser Tage zwischen Jan Mayen und Island. Klein und ich sprechen viel von alten Zeiten, als wir noch in den Diensten der Hamburg-Amerika-Linie über die Weltmeere reisten. Ein Feuer in der Copraladung zwang meinen Freund einmal, Djibouti anzulaufen und einen Teil zu löschen. Von der Westküste Südamerikas kommend, brannte in der Karibik unser

Fischmehl, und die ganze Besatzung arbeitete drei Tage und Nächte. Wir stauten den stinkenden, staubigen Kram an Deck um, um an den Brandherd zu kommen, retteten große Teile der Ladung und das Schiff und hatten mal wieder mehr geleistet als das, wofür wir bezahlt bekamen.

Bei Nebel, und den haben wir fast immer während dieser Überfahrt, gehe ich Beates Wache mit. Wenn plötzlich so ein hoher Steven aus der weißen Watte auftauchen sollte, um uns unterzupflügen, möchte ich lieber selber das Schiff und unser Leben retten. Die jahrzehntelange Erfahrung, die mein Freund und ich auf die Planken bringen, hat die junge Frau natürlich nicht, und deshalb ist sie auch beruhigt und erleichtert, wenn ich sie in der milchigen Suppe nicht alleine lasse. Viel Zeit für Gespräche bei diesem ruhigen Dahinsegeln. Auch mit meinem Freund, der mir hin und wieder Gesellschaft leistet.

»Habt ihr außer Coprakäfer noch mehr mitgebracht?« fragt Beate einmal.

Und wir erzählen von Rattanmöbeln aus Indonesien, von Silber und Schnitzereien, Kamelsatteln und ausgestopften Tieren.

Während unser Seefahrtzeit war der Massentourismus noch nicht weltweit verbreitet, und der Souvenirhandel für die vielen Greenhorns unter den Touris steckte in den Kinderschuhen. Seeleute und Schiffspassagiere waren die Kunden der vielen Händler in Port Said, wenn ein Konvoi auf die Passage wartete, der »Schinscher« in den Häfen Afrikas oder Asiens. Und nicht immer war alles Gold, was glänzt. Und nicht immer war Edelstein, was als Brillant angeboten wurde. War es vielleicht besser und gescheiter, sich an Gebrauchsgegenstände zu halten oder sich für die heimische Baustelle mit Mahagoni einzudecken?

»Mahagoni?« fragt Beate.

Und ich erzähle die Geschichte von Volker, der gerade unter die Häuslebauer gegangen war. Irgendwie hatte er es geschafft, eine große Menge Mahagonivollholz günstig zu erstehen. Richtig dicke Stämme waren das, die nur noch aufgesägt werden mußten. Aber so viele Mahagonifenster und Möbel, die da mit Rinde dran an Deck nach Europa schaukelten, konnten unmöglich in einem Bungalow verbaut werden.

»Ihr habt den Zaun vergessen«, sagte Volker.

Und so wurde er zu »Volker mit dem Mahagonizaun«. Er soll tatsächlich einen Teil seines Schatzes auf diese Weise verwendet haben, und der ganze Ort pilgerte sonntags zu dem reichen Schiffsoffizier mit dem Zaun aus massivem Mahagoni.

»Wie bekommt man eigentlich Mahagoni durch den Zoll?«

Ach Beate. Der Zoll ist nicht immer der Freund des Seemanns. Aber manchmal kann man die Leute mit ein wenig Flachs und der richtig netten Art, sie anzusprechen, gnädig stimmen. So habe ich zum Beispiel mein Kanu aus dem Freihafen bekommen. Ein normaler großer Einbaum, in dem drei Männer ausreichend Platz haben, um damit zum Fischen zu fahren. Ich hatte das Boot in einem kleinen Hafen Haitis gegen Zigaretten eingetauscht und es während einiger Reisen mitgenommen, bis ich abgelöst wurde. Da mußte mein Kahn natürlich mit mir von Bord, und ich fürchtete schon die größten Schwierigkeiten wegen Pflanzenschutz, tropischem Holz oder Krankheitskeimen. Ganz zu schweigen von dem Wert und möglicherweise zu bezahlendem Zoll. Aber die Herren am Durchlaß des Hamburger Freihafens waren an diesem Tag gut gelaunt und meinten nur, daß sie einen so verrückten Seemann noch nicht erlebt hätten mit solch ungewöhnlichem Souvenir. Dann spielten wir ein wenig Kanufahren auf der Ladefläche des Kleinlasters, hatten eine riesige Gaudi, und ich reiste ohne einen Pfennig Bezahlung mit meinem Einbaum ein. Er hat dann viele Jahre die Einfahrt zu unserem Haus geschmückt, bis er eines Tages von einem Minitornado in viele Trümmer zerlegt wurde. Voodoozauber von Haiti oder die Rache des schwarzen Händlers, der mit dem Preis nicht ganz einverstanden gewesen war.

Ich habe zum Schmuggeln nie Talent gehabt und wäre unter hundert Passanten herausgepickt worden, wenn ich auch nur versucht hätte, drei Zigaretten aus dem Freihafen zu bringen. Aber im Kollektiv, aus dem sich niemand ausklinken konnte, war ich mit den Kameraden einmal sehr erfolgreich. Da brachten wir aus einem bestimmten Fahrtgebiet Zigaretten mit und hatten feste Abnehmer in Hamburg. Wie die Leute die Details gemacht haben, weiß ich nicht, und es war auch nicht unsere Sache. Aber wenn wir ankamen und die Gangway gerade eben die Kai berührte, dann kamen diese Männer mit Jutesäcken an Bord, gingen durch die Kammern und fragten: »Wieviel hast du? Wieviel hast du?« Die entsprechende Menge Geldes flog auf den Tisch, und in wenigen Minuten waren sie mit ihrer Beute verschwunden. Wir aber waren reich, mieteten uns Autos, natürlich jeder eins und bloß nicht zu mehreren in einer Kutsche, denn sparen mußten wir ja nicht. In der Nähe es Hauptbahnhofs gab es einen Nachtclub, der uns gehörte, solange unser Schiff im Hafen war. Denn irgendwie mußte die alte Weisheit, »wie gewonnen, so zerronnen«, aufs neue bewiesen werden.

Ruhige Wachen und Kurs nach Süden! Luft und Wasser werden wärmer, und Beate fragt nach Tieren, die wir gefahren haben. Von einem ganzen Zirkus erzähle ich. Von einer Ladung toter Fliegen. Fünfhundert Singvögeln, Rassepferden für die Olympiaequipe Mexikos oder Zuchtrindern nach Südchile. Am besten waren unbegleitete Hunde. Das Fliegen war für große Hunde problematisch und teuer. Also reisten die Besitzer mit der Superconstellation und ihr Liebling fuhr mit dem Dampfer, wo selbstverständlich die ganze Besatzung sich vor liebevoller Fürsorge nicht einkriegen konnte. Meistens der Bootsmann, zuweilen auch der Dritte Offizier, bekamen die Verantwortung, Richtlinien für die Ernährung und nach der Überfahrt auch ein Zubrot zur Heuer. Unvergeßlich die Dogge Senta. Ist diese Rasse schon von Natur aus nicht gerade klein, so war Senta ein ganz besonders großes Exemplar. Auf einer Reise von New Orleans nach Hamburg dem Dritten Offizier zugeteilt, entwickelte das Tier alsbald eine ungewöhnlich starke Zuneigung. Die Dogge und der Dritte schliefen zusammen in der Koje, waren ausgestreckt auch etwa gleich groß und lieferten ein recht seltsames Bild, wenn man zum Wecken oder aus einem anderen Grund in die Kammer kam. Das Paar ging zusammen Wache und schmuste ständig irgendwo herum. Wahrscheinlich war das Tier noch nie so glücklich gewesen in seinem Leben. Furchtbares Erwachen in Hamburg gleich im Doppelpack, als Frauchen nach dem

Anlegen über die Gangway kam. Senta erkannte ihre Besitzerin nicht oder wollte zumindest nichts von ihr wissen. Schock! Absolutes Entsetzen bei Frauchen und schwerste Depressionen wohl bei dem Tier, als es irgendwie begreifen oder einsehen mußte, daß jede Reise mal zu Ende geht und der Weg über die Gangway an Land in den Alltag führte. Heißt es nicht, daß gerade Doggen ganz besonders traurig aussehen können? Dieses Riesentier ist bis heute die traurigste Dogge, die mir je über den Weg gelaufen ist.

Die Insel Grimsey ist querab. Wir passieren den nördlichen Polarkreis und haben noch gute zwanzig Meilen zu segeln bis zur Küste. Schiebewind vom feinsten. Der Nebel hat sich gelichtet. Der Eingang des Isafjördur ist voraus, und Akureyri werden wir in der Nacht erreichen. Ich möchte nach Möglichkeit von diesem Platz aus um die nordöstlichste Ecke Islands herum auf Südostkurs gehen und schnell nach Stralsund segeln, weil neue Verpflichtungen warten. »Grimsey querab« schreibe ich ins Schiffstagebuch und erinnere mich beim Anblick des Datums 25. August an die Terminnöte unserer Startcrew. Der 26. August war doch die »absolute Deadline« gewesen – da haben wir es doch tatsächlich geschafft.

Hier gibt es UKW-Kontakt zur Küstenfunkstelle Siglufjördur-Radio, und man kann in Ruhe und ausgiebig reden. Karl und Oskar sitzen noch immer auf der Insel fest. Das Wetter ist noch immer schlecht, das entspricht der Prognose bei unserer Abfahrt. Keine Chance auf einen Flug während der nächsten Tage. Den Entschluß, nach Hause zu segeln, muß ich nicht bereuen. Auch mit Olis Vater spreche ich voller Dank, voller Lob auf diesen tollen Sohn, den ich auf jede noch so schwierige Expedition sofort mit Kußhand wieder mitnehmen würde. »Wir besuchen dich, Oli. Wir kommen per Auto über Land. Bis bald.«

Diesmal möchte ich es richtig machen, was das Schengener Abkommen und die neuen Vorschriften angeht. Die Vierundzwanzigstundenfrist ist zwar nicht mehr einzuhalten, aber nach dem Ärger in Seydisfjördur wollen wir halbwegs korrekt handeln. Ob der Funker eine Verbindung zur Küstenwache herstellen kann?

»Nein. Ja. Vielleicht. Worum geht es denn?«

»Um Schengen, um die neuen Meldevorschriften für Yachten.«

Es ist durch den Äther zu merken, daß der Mann nicht gerade erbaut ist. Ein gequältes Stöhnen tönt über die Wasser des Nordmeeres. Dann sagt er, er würde zurückrufen, er müsse erst einmal telefonieren. Nach längerer Zeit hat er das entsprechende Formular zur Hand, und dann folgt ein etwa halbstündiges Telefonat, in dessen Verlauf unsere genauen Daten durchgegeben werden müssen. Wer einmal im Simplexverfahren auf UKW längere Gespräche geführt hat, der mag sich einigermaßen vorstellen können, mit wie vielen *»Over. Say again! Repeat please!«* und genauestem Buchstabieren die Prozedur verbunden ist. Ich aber habe ein ganz besonderes Erlebnis bei dem frustrierenden Ablauf des Verwaltungsakts. Mein Reisepaß blättert auf. Ich sehe den Stempel von der Station auf Jan Mayen, mit 2001 als Datum. Und genau auf der gegenüberliegenden Seite ist der Stempel von Ascension mit Januar 2000 zu sehen. Zwei Vulkane, ein Gletscher. Und was für Reisen! An anderer Stelle sehe ich den Stempel der Wache auf Kap Hoorn und jenen der Station auf der Bäreninsel. Was habe ich in so kurzer Zeit bloß alles abgesegelt. Aber ehe ich mich in Gedanken verliere, fragt der Funker nach dem Geburtsnamen meiner Großmutter, oder so ähnlich.

Das Wetterglück dauert leider nicht lange. Nachdem der tagelange Nebel verschwunden ist und der Nordwind für ein paar Sonnenstrahlen und für Löcher in den Wolken gesorgt hat, kommt die nächste Front. Ich hatte gehofft, bei schönem Wetter in den Fjord laufen zu können. Aber Hoffen und Harren hält manchen zum Narren. Kalt ist es wieder, weil die Feuchtigkeit bis unter das Ölzeug und bis in die Stiefel kriecht. O diese Nässe! Seit Jan Mayen fast nur Nebel und Regen. Wenn es doch bloß mal ein paar Tage trocken würde. Dennoch kann ich mich nicht beklagen, denn ich habe Schiebewind in den Fjord hinein, der bei ständigen Kreuzschlägen zum Problem geworden wäre. Das größte und schönste Geschenk ist aber, daß die Anströmung an der blockierten Schraube die Plastikreste herausgespült hat. So haben wir zumindest wieder eine Maschine und können bei Küselwind und Fallböen von den hohen Hängen ein wenig nachhelfen.

Heißt es nicht, daß die Menschheit an Wassermangel zugrunde gehen wird? Es gießt in Strömen. Was hier auf so vielen Quadratmeilen niedergeht, müßte man auffangen können, und ganze Talsperren würde man füllen. Dann ist plötzlich so etwas wie Land zu sehen. Es sind erste Konturen zu erkennen. Land aus dem Aquarium! So flachse ich, und nach kurzer Zeit liegt der Fjord als nasser Schlauch voraus. In der ersten Dunkelheit schicke ich die Crew zur Koje. Mit dem nur eingeschränkt manövrierbaren Boot möchte ich niemanden allein lassen.

Sollen die Gefährten nur schlafen. Bei dem Anlegemanöver, das uns irgendwann bevorsteht, brauche ich eine ausgeruhte Besatzung. Erste Lichter sind jetzt an Land zu erkennen. Die Orte heißen Olafsfjördur und Dalvik, und die Insel, an der ich entlang segle, heißt Hrisey. Gibt es nicht ein Lied: Ich stehe im Regen ... Wie ging der Text bloß noch? Ich stehe im Regen. Der Ohrwurm will nicht aus dem Kopf und verdrängt die Gedanken. Wie es wohl aussehen wird in Akureyri?

Zirka dreißig Meilen sind es vom Eingang des Fjords bis zur Stadt. Mit dem zuweilen richtig kräftigen Schiebewind ein seglerischer Leckerbissen. Aber hier ohne Maschine wieder raus? Ob es ein Fehler ist, so weit hineinzulaufen? Ob man auch eine Ortschaft am Ufer anlaufen könnte? Weil er nicht mehr schlafen kann, kommt Oli an Deck, und ich frage ihn nach Ausweichmöglichkeiten.

»Das sind nur kleine Nester«, sagt er. »Die sind für Fischer gemacht. Da kannst du kein Auto mieten. Da kannst du schlecht liegen und schon gar nicht das Schiff für längere Zeit verlassen. In Akureyri aber kannst du die Maschine vielleicht wieder in Ordnung bekommen. Einen Taucher gibt es dort auf jeden Fall, den kenne ich sogar persönlich.«

Also weiter! Und irgendwie werden wir die Kiste schon festmachen können.

Der Funker hatte am Nachmittag selbstverständlich auch die Ankunftszeit wissen wollen, und grob geschätzt, hatte ich drei Uhr morgens angegeben. Ich weiß auch nicht, warum mein Timing immer so gut klappt. Mit wenigen Ausnahmen bin ich mit allen Schiffen pünktlich angekommen oder abgefahren, wobei letzteres natürlich einfacher ist. Gegen zwei sehe ich einen Lichtschein am Himmel. Ist Akureyri doch nicht so klein, wie ich vermutet habe? Wir passieren Hafenanlagen, aufgelegte Fischdampfer und fabrikähnliche Gebäude. Dann geht es um die letzte Pier in den nach Süden auslaufenden und dort immer flacher werdenden Fjord. Es weht ablandig mit fünf Beaufort, und die Strategie heißt: »Vorsichtig ranfahren und gucken.« Auch so ein geflügeltes Wort zwischen Klein und mir: »ranfahren und gucken«. So haben wir das schon gemacht, als wir mit den großen Dampfern in der Wildnis herumfuhrwerkten. Erst einmal die Möglichkeiten sondieren. Am besten geeignet erscheint mir eine lange Pier, an der Container und Schuppen stehen. An einem der vielen Poller müßte man die Leine irgendwie festbekommen. Zuerst aber bricht so etwas wie die Hölle los. Mehrere Autos kommen angerast. Machen mit quietschenden Reifen Vollbremsungen. Kreisen dann wieder mit voller Fahrt und abenteuerlichen Manöver umeinander, als übten sie für die Autoscooter des nächsten Jahrmarktes. Es ist Sonntag morgen, und wir sind im »Outback«, wie vergleichbare Gegenden in Australien so treffend heißen. Im Outback und auf Inseln wird für gewöhnlich mehr getrunken als in zivilisierten Gegenden. Und das junge Volk, das sich dort vergnügt, würde gewiß einer deutschen Promillekontrolle wunderbar in die Erfolgsbilanz passen.

Wir müssen jedenfalls nah genug heran! Damit einer von meinen Männern oder Beate rüberspringen kann.

»Vorsicht! Vorsicht, Gerd! Du hast Zeit genug.« Meine innere Stimme mahnt zur Geduld.

Mit nur einer Maschine, die nur auf voraus dreht, ohne die Möglichkeit, rückwärts gehen zu können, muß man Geduld haben. Wir wollen weder das Boot noch die Pier beschädigen. Und dann hilft ein mitleidiger Gott des Windes, indem er den kräftigen Pustewind eine Weile abschaltet. Plötzliche Flaute. Ich komme den großen Autoreifen, die als Fender an der Pier hängen, ganz nahe. Oli macht einen Riesensatz, und als er sich an Land umdreht, fliegt ihm auch schon eine Festmacherleine vor die Füße. Geschafft! Wir drei an Bord hieven und zerren. Wir kommen näher ran. Wir machen weitere Leinen fest, während Oli sich mit den »Helldrivern« anfreundet. Beim Frühstück wird er schwärmen von Bier, Bar, Musik und toller Stimmung. Ich aber stand lange genug unter Dampf. Jetzt fühle ich, wie die Anspannung langsam nachläßt. *Sposmoker II* ist fest vertäut in Akureyri. Alles weitere werden wir sehen. Ein Glas Rotwein zum Einschlafen und nichts wie in die Koje.

Bin ich in Italien? Oder hat eine gute Fee den Zauberstab über uns kreisen lassen? Als ich wach werde, blinzele ich sogar in der Kabine in blendendes Licht. Nichts wie an Deck! Und die graue Regenlandschaft ist verbannt. Sonne über Sonne an einem strahlend blauen Himmel. Eine Propellermaschine zieht über dem Fjord langsam in die Höhe. Das Blech glitzert und blinkt, und der Vogel verschwindet über einem hohen Berg in Richtung Osten. Trockene Luft! Welch ein Wunder! Wärmende Strahlen auf der Haut. Ich esse an Deck irgend etwas aus der Hand und habe nur noch den Wunsch nach Schwimmbad und Hotpot und Dampfsauna. Aber zuerst einmal kommt der Hafenmeister. Unser Platz wird für den holländischen Passagierdampfer *Amsterdam* gebraucht, der allerdings erst in einigen Tagen kommen wird. Wir sollen hier ablegen. Aber auf die Frage, wohin wir sollen, weiß der Mann keine Antwort. Vor Anker schicken will er uns. Mit solchem Ansinnen habe ich schon viele Erfahrungen. Immer wenn mich mal jemand vor Anker schicken will, komme ich mit der Geschichte vom Smoking. Wir hätten vor, im Abendanzug auszugehen. Da sei das Dingi doch nicht ganz geeignet. Die Dame in Pumps und aufgestylt im Schlauchboot? Die Vorstellung müsse doch auch bei dem gewissenhaften Hafenmeister Mitleid erregen. Hat er denn überhaupt keine Alternative? Wo liegen denn die Yachten, die normalerweise Akureyri besuchen? Und wie sollen wir unsere Maschine repariert bekommen, wenn wir irgendwo in der Bucht vor Anker liegen? Nach langen Diskussionen haben wir den Mann überredet. Wir dürfen an den Schwimmsteg, an dem die Verkehrsboote der Passagierdampfer anlegen. Drei heilige Eide muß ich schwören, daß wir dort verschwinden, bevor die *Amsterdam* kommt. Und nachdem auch Oli ein unterstützendes Versprechen abgegeben hat, verholen wir sofort. Bei ruhigem Wetter und Tageslicht gelingt das Manöver trotz der einen, nur voraus laufenden Maschine auf Anhieb. Eine kleine Mole schützt den Bootshafen. Hier sind wir gut aufgehoben, und nur die *Amsterdam* wird uns vertreiben können.

Das Bad im Hotpot muß noch warten, denn jetzt kommt der Zoll. Da denkt der Laie an die vielen Stunden, die seit unser Ankunft vergangen sind, und an alles, was wir hätten schmuggeln können. Aber ich bin ja nun mal ein Fanatiker des Rechts und liebe die Gesetzestreue. Zwei freundliche Zöllner sehen sich ein wenig um im Boot und helfen sogar beim Ausfüllen der vielen Listen, die leider wieder unvermeidlich sind. Ein Schulterzucken der Männer ist der ganze Kommentar, als ich irgend etwas von Bürokratie murmle. Und natürlich verstehen die auch das andere Deutsch, das ich zusätzlich laut gedacht habe. Was wären sie auch für Zöllner, wenn sie auf fremden Schiffen ihre Sprachkenntnisse gleich offenbaren würden. Wir sind nett miteinander, unterhalten uns in Englisch, und Oli erzählt auf isländisch alle möglichen Abenteuer, die hinter uns liegen. Der von Beate servierte Kaffee wird dankend angenommen. Am Ende des Verwaltungsaktes kommt der Hammer. Hätte ich von diesem Pferdefuß vorher gewußt, wäre ich nicht so nett gewesen. Das Einklarieren kostet Gebühren! Nun muß man wissen, daß so etwas in einigen Ländern in der Dritten Welt gang und gäbe ist, in Europa aber ganz ungewöhnlich. Fast dreihundert Mark soll ich bezahlen, und meine erste Reaktion sind Lamento und Gejammer. Denn das habe ich, als ich noch reich war, auch immer erfolgreich praktiziert. Auf bettelarm machen. Stöhnen! Stöhnen! Stöhnen! Und wieso überhaupt zwei Zöllner? Wäre es bei einem billiger geworden? Ich habe keinen zweiten Beamten bestellt. Die Männer berufen sich auf ihre Vorschriften, und ich erreiche mit Mühe, daß ich nicht sofort bezahlen muß. Ich werde erst bei der Bank tauschen müssen, so behaupte ich, und man gewährt mir Aufschub bis zur Abreise.

»Und wenn ich ohne zu bezahlen abfahre?«

»Wir haben Möglichkeiten, Sie zu stoppen.«

Der Ältere spricht die Drohung ganz gelassen und lächelt noch immer ganz freundlich dabei.

Dank Olis guter Beziehungen ist der Taucher bereits zur Stelle, als der Zoll gerade von Bord geht. Wir einigen uns über einen gemäßigten Sonntagsfreundschaftspreis und dürfen einen Teil des Lohns in Naturalien bezahlen. Dann ist der Mann auch schon im Anzug, und das Wasser neben den Rümpfen gluckert mal hier und mal dort.

»Wer wagt es, Rittersmann oder Knapp, zu tauchen in diese Schietkuhle hinab?« Während ich dem Mann unter Wasser und der fotografierenden Beate zusehe, erinnere ich mich an Lacherfolge beim Aufsagen der vielen Verse dieses Gedichtes. Irgendwo muß dieser Text doch noch aufzutun sein.

Als der Taucher aus dem Wasser kommt, glaube ich, das Ergebnis bereits zu kennen. Körpersprache! Wer gute Nachrichten hat, bewegt sich anders.

»Die Backbordschraube muß einen Schlag bekommen haben.«

Donnerwetter! Die Diagnose stimmt.

»Das war der Netzrest auf den Ölfeldern«, sage ich.

An der Steuerbordschraube hat der Mann den letzten eingeklemmten Kunststoffrest entfernt und die Flügel auf- und zugeklappt ohne Probleme. Wir können anlassen, und tatsächlich kommt die Maschine jetzt auch auf vorwärts und rückwärts. Dann sehe ich mir auf der Unterwasserkamera die Aufnahmen von meinem Propeller und den Wellen an und beschließe, daß wir versuchen werden, möglichst nonstop nach Deutschland zu kommen. In Akureyri auf eine neues Getriebe warten? Probleme beim Auswechseln? Eine schreckliche Vorstellung. Dann lieber mit Schiebewind gen Heimat.

Es gibt keine Probleme, an einem Sonntagvormittag in Akureyri ein Auto zu mieten. Weil Oli als Einheimischer die Sprache des Vermieters spricht, ist der Preis gemäßigt, und wir werden uns schnell einig. Die langen Seestrecken entwöhnen den Seemann nun mal, was die

Fortbewegung zu Fuß angeht. Da mag man noch so trainiert sein für den Beerenberg. Wir kehren bequem zurück zum Schiff, wo der Rest der Besatzung schon darauf wartet, daß wir endlich zum Schwimmbad fahren. Man muß einen steilen Berg hinauf, und als ich direkt vor dem Eingang parke, bin ich froh, daß wir das Auto haben. Sonntägliche Fülle herrscht in den Duschräumen. Ich frage mich, wieso die Männer alle Abstand halten, als ich unter die Dusche gehe. Es ist viel Platz um mich herum, und beschämt begreife ich, daß ich für die an Körperlotion und Rasierwasser gewöhnten Nasen wohl etwas streng rieche. Herrlich warmes Wasser dann! Genußvolles Duschen! Welch Gefühl von Reinlichkeit, als ich ein paar Bahnen schwimme, um anschließend in den heißesten der Hotpots zu steigen. Ein paar Damen sitzen um mich herum, und eine schlanke, gerade eben angegraute Isländerin mir gegenüber gefällt mir besonders gut. Unsere Blicke finden sich ein paarmal. Dann schäme ich mich meiner Gedanken, die nach den Wochen auf See vielleicht nicht ganz abwegig sind, bis meine Favoritin das Becken verläßt. Werde ich denn nie vernünftig? Mit Oli gehe ich noch mal ins Dampfbad. Wenn ich solch ein Ding an Bord hätte, wäre ich wahrscheinlich aus der Antarktis gar nicht mehr wegzukriegen.

Die heißen Bäder und an Bord ein Pott starker Kaffee haben mich tatendurstig und wach gemacht. Reykjavik wartet! Ich treibe die Freunde an, schnell zu packen, damit wir bald loskommen. Immerhin liegen noch ein paar hundert Kilometer herrlichster Landschaft vor uns. Wir wollen nicht hetzen. Wollen auch mal rasten können. Wo einer ein Foto machen möchte, wird gehalten, so verkünde ich es vor dem Start. Dann zeigt Oli mir auf der

Karte interessante Aussichtspunkte und Gasthäuser am Wege, die er besonders empfehlen kann. Er wird an Bord bleiben und auf das Schiff aufpassen und erst nach unserer Rückkehr nach Hause fliegen. Seine Ausrüstung wird verladen, und dann geht's los.

Ich war schon öfters auf Island unterwegs und kenne den ständigen Wechsel von Küstenstraße und Gebirgsstrecke über hohe Pässe. Ich bin dennoch auch jetzt wieder begeistert von dieser beeindruckenden Landschaft. Weit geht der Blick über sich in der Ferne verlierende Berge. Lange Täler durchfahren wir, in denen hin und wieder ein Einödhof auftaucht. Und immer wieder kristallklare Flüsse, an deren Ufer gelegentlich ein Angler Forellen oder Lachsen nachstellt. Land aus Feuer und Wasser. Wo sonst, wenn nicht hier hätte dieser Satz seine Berechtigung? Lavafelder sind mit Islandmoos bewachsen als Beweis für die Tatsache, daß es hier enorme Niederschlagsmengen gibt. Vulkangestein und Asche lassen den Regen schnell versickern. Und wenn sich, eigentlich ein Widerspruch in sich, auf solchem Untergrund Moos ansiedelt, dann muß schon ziemlich viel Wasser von oben her kommen.

Beate und Kapitän Klein waren noch nie zuvor auf Island und möchten alle naselang einen Fotostopp haben. Dann steige ich mit aus, um mir die Beine zu vertreten. Windig und kalt ist es an der frischen Luft, und deshalb sind wohl auch die vielen Reiter, denen wir begegnen, so dick eingemummelt. So etwa dreißig Frauen und Männer müssen es sein, die uns auf Islandpferden in langausgezogener Linie im typischen Tölt entgegenkommen. Nirgendwo anders soll es diese Gangart geben, die wahrscheinlich rückenschonender ist als ein normaler Trab.

Wir stehen noch lange an der Straße und sehen den Reitern hinterher.

Gewöhnungsbedürftig für Nichtisländer sind die einspurigen Brücken. Bei dem geringen Verkehr macht es Sinn, aus Kostengründen die vielen, nun mal notwendigen Brücken einspurig zu bauen. Aber was geschieht, wenn zwei Autos von verschiedenen Seiten kommen? Es gibt keine Regel, außer daß der Klügere nachgibt oder daß der Unhöflichere einfach draufzufährt. Wäre so etwas in Deutschland denkbar? Mit Sicherheit nicht in einem Land, wo bis zum Rasenmähen auch die nichtigsten Dinge des Alltags geregelt sind. Ich spreche mit Klein über das Phänomen, daß hier nicht ständig ein Unglück nach dem anderen passiert, und wir schlagen einen weiten Bogen zu den Verkehrsregeln auf See, die auch erst erfunden werden mußten. Viele Jahrhunderte lang gab es keine Seestraßenordnung oder Seeschiffahrtsstraßenordnung, wobei letzteres auch heute noch nicht so weit verbreitet ist in der Welt. Erst als der Verkehr auf den Weltmeeren stark anschwoll, als Dampfer und Segler mit ihren unterschiedlichen Möglichkeiten miteinander auskommen mußten, dachte man zuerst in England – *»Britannia rules the waves«* – an Regelungen. Eine schwere Kollision auf der Themse mit ein paar hundert Toten brachte das Faß zum Überlaufen. Damals wurde gehandelt, und das Ergebnis wird bis in unsere Tage immer weiter verfeinert.

Wir rasten im Schnellimbiß neben einer Tankstelle und versuchen, die verschiedenen Sprachen zu lokalisieren, die an den Tischen neben uns gesprochen werden. Es sind offenkundig auch Ende August noch immer Touristen unterwegs, wobei mir auffällt, daß es immer Familien mit Kindern oder Paare sind. Als Single auf Island Urlaub zu machen muß ganz schrecklich sein, lautet meine Erkenntnis. Und als ich das verkünde, schüttelt sich Beate sogar bei dem bloßen Gedanken.

Annäherung an Reykjavik mit dem typischen Abendverkehr. Das Wochenende auf dem Land ist vorbei, und die Städter fluten zurück. Immer vertrauter wird die Landschaft. Bin ich doch an einigen Plätzen, die wir passieren, schon öfter gewesen. Da ist der lange Hrutafjördur, den ich einmal per Boot bis zur Südspitze erkundete. Dann kommt später Borganes, wo ich, mit Anker und Landleine festgemacht, übernachtete und einen großen Fisch an der Angel hatte. Wir nehmen den Straßentunnel unter dem Hvalfjördur, schwimmen dann im Strom aus Blech auf vier und fünf Spuren in Richtung Zentrum. Irgendwie muß ich ein gutes Gedächtnis besitzen. Die Route quer durch die ganze Stadt macht mir keine Mühe, und auf der Halbinsel Seltjarnarnes, wo Oli wohnt, finde ich die Straße auf Anhieb. Ich bin stolz auf mich.

Als ich Oli senior kennenlernte, war er nach meiner Erinnerung der einzige Isländer, der ein ziviles nautisches und ein militärisches Kapitänspatent hatte. So mag unsere Verbundenheit durch den Beruf entstanden sein. Aber ganz gewiß war da noch etwas anderes. Wir mochten uns auf Anhieb. Wir hatten die gleiche Sicht der Dinge. So etwas hat mir Freundschaften mit Menschen anderer Hautfarbe oder aus anderen Kulturkreisen in Japan, in Feuerland oder Australien eingebracht. Lange Umarmung und Schulterklopfen, bis Oli einen Hustenanfall kriegt und nach Luft ringt.

»Oh! Oh! Das klingt aber nicht gut«, sage ich.

»Zu viele brennende Schiffe, Gerd. Zu viele brennende Dampfer. Meine Lungen ...«

Den Rest läßt er offen. Und während ich seine Frau Astra begrüße und die Freunde vorstelle, denke ich daran, wie stolz ich war und wie gerührt zuweilen, wenn ich zu Beginn unserer Freundschaft mit Oli senior unterwegs war.

Ein Unikat dieser Mann. Schon die große, knochige Gestalt beeindruckt. Das harte, wettergegerbte Gesicht und das dröhnende zähnebleckende Lachen ließen mich an Wikingergestalten denken, wie man sie für gewöhnlich nur in besonders guten Filmen sieht. Oli war in ganz Island wegen seines sozialen Engagements bekannt und weil er nach dem Vulkanausbruch auf Heimaey die Evakuierung der Westmännerinseln geleitet hatte. Sechs Wochen Kampf gegen Lava, Asche, Staub, Gase – und keine Toten. Anrührende Szenen gab es, wenn uns Menschen begegneten, die er aus Seenot gerettet hatte. Der Atlantik um Island ist nun mal besonders stürmisch und rauh. Und die Fischerei in diesem Gewässer ein extra hartes Brot. Da bleiben Havarien oder Unfälle nicht aus, und die Küstenwache muß bei manchem Einsatz Übermenschliches leisten.

Ich werde aus meinen Gedanken gerissen. Die Zimmer werden verteilt. Nach einem wunderbaren Abend mit Whisky und langen Geschichten verbringen wir den nächsten Tag gemeinsam mit Erledigungen und Besichtigungen. Dabei ist mir das Haus am Hafen ganz besonders wichtig, in dem Gorbatschow und Reagan den Kalten Krieg beendeten. Warum nur der ganze Unsinn vom Wettrüsten? Über den Overkill und Overoverkill bis zu den Schüssen an der Mauer. Die Seeleute verstehen sich doch überall auf der Welt. Warum die Landratten nicht gleichermaßen?

Es zieht uns zurück nach Akureyri, und Termine drangeln in Deutschland. Als wir wieder an Bord sind, berichtet Oli junior, daß Fernsehen und die örtliche Radiostation schon Interviews gemacht haben. Dann zeigt er voll Stolz Zeitungsartikel mit seinem Foto. Und was ist mit den beiden Männern auf Jan Mayen? Das Flugzeug hat bereits zwei oder drei Versuche gestartet, mußte aber jedes Mal wieder umkehren. Karl und Oskar sitzen noch immer auf der Teufelsinsel.

»Und wer bezahlt das? Kommt dann irgendwann eine saftige Rechnung auf mich zu?«

»Das ist geklärt. Solange die beiden noch gute Geschichten zur Unterhaltung auf Lager haben, brauchen wir nichts zu befürchten.«

Während wir in Reykjavik waren, herrschte in Akureyri Sommerwetter. Unser Spitzenmann hat alle Luken aufgemacht und das Schiff von innen getrocknet, hat alle Überlebensanzüge und das Ölzeug gelüftet und sogar meine Wäsche von der Wäscherei geholt. Als ich ihn zum Flugplatz fahre, bin ich noch immer voller Lob. Und während wir vor dem Gate noch einen Moment klönen, verspreche ich Oli junior, daß ich ihn unbedingt an Bord haben möchte, wenn ich wieder einen Extremtörn planen sollte.

»Ich bin dabei, Gerd. Ruf mich rechtzeitig an. Mit dir gehe ich überallhin.«

»Nehmen Diesel, Wasser, Proviant. Arbeiten am Schiff.« So steht es im Tagebuch. Und auch der Satz: »Uhr auf deutsche Zeit gestellt.«

Es geht nach Hause! Aber vorher ist noch eine Menge zu tun, wollen wir doch möglichst nonstop nach Stralsund. Zu solch einer Reise gehört auch eine gut gefüllte Proviantlast. Einkaufen ist angesagt. Beate schwankt übrigens immer zwischen rauchen und aufgeben wollen. Nach mehr oder minder langen Phasen der Enthaltsamkeit wird sie dann doch wieder schwach. Also soll ich ihr Zigaretten mitbringen und lerne dabei, daß die Droge Nikotin in Island nicht öffentlich angeboten werden darf. Man muß erst fragen. Dann werden die Dinger aus einem verschlossenen Schrank hervorgeholt. Der ganze Vorgang erinnert mich ein wenig an die »Bückware« zu DDR-Zeiten. Vielleicht hätte ich das Wort Zigarette sogar nur hinter vorgehaltener Hand flüstern dürfen? Der Vorrat wird später nicht bis Stralsund reichen. Und die nikotinsüchtige junge Frau wird Entzugserscheinungen bekommen. Mein Freund und ich nutzen die Gelegenheit und versuchen, Beate mit all unser Überzeugungskraft auf den rechten Weg zu bringen und ihr den Stoff ein für allemal auszureden.

Der Hafenmeister verdient ein Extralob, weil er uns mit seinem Bus Frischwasser an Bord bringt. Vielleicht hat die Berichterstattung im Fernsehen, im Radio und in der örtlichen Zeitung für Extraservice gesorgt. Wir sind ja nicht irgendein Schiff. Und der Bekanntheitsgrad geht sogar so weit, daß ich vor einem örtlichen Club noch einen Vortrag halten soll. Ich vertröste den Vorsitzenden auf meinen nächsten Besuch.

Bevor ich das Mietauto abgebe, muß ich volltanken. Dabei bekomme ich meine Überzeugung bestätigt, daß man Menschen nicht unbedingt nur nach ihrem Äußeren beurteilen soll. Die junge Frau in der Tankstelle trägt einen öligen Overall und sieht nicht unbedingt so aus, als gehöre sie zur Upperclass. Als wir ins Gespräch kommen, bin ich überrascht, wieviel sie weiß von der Welt und daß zu ihrer Bildung auch Kenntnisse über deutsche oder englische Dichter gehören. Sie spricht außer Isländisch, Englisch, Französisch auch sehr gut Deutsch und ist doch eigentlich nur ein Tankwart in einer isländischen Kleinstadt. Ich bin immer wieder auf meinen vielen Reisen offen und unvoreingenommen auf Menschen zugegangen und glaube, daß dies ein gutes Rezept ist für alle, die die Welt wirklich kennenlernen wollen.

Letztes Schwimmen und ein letztes Dampfbad. Dann telefoniere ich den Zoll herbei und gebe anschließend die isländischen Münzen für ein letztes Eis aus. Hartgeld würde mir eh keiner abnehmen. Von einer früheren Reise her weiß ich, daß es große Schwierigkeiten gibt, isländische Scheine loszuwerden. Keine Bank im Großraum Hamburg wollte damals tauschen. Mit etwas Glück, so sagte man, würde ich am Frankfurter Flughafen vielleicht wieder zu »Deutschmark« kommen. Ohne Geld nach See zu. Das mache ich schon aus altem Aberglauben gern. Vielleicht bringt die Methode uns auch diesmal eine besonders glückliche Heimreise? Der Auftakt beim Ablegen ist jedenfalls schon mal gut. Einfach nur so versuche ich auch die Backbordmaschine mit einzusetzen. Das Ding arbeitet doch tatsächlich auf voraus, als wäre nie etwas geschehen! Wunder gibt es immer wieder. Und der Krachmacher ist auf den ersten Meilen gut zu gebrauchen, denn der Wind, wie könnte es anders sein, weht von vorn.

Der deutsche Wetterdienst hat Nordost um die sechs versprochen. Nordost, wenn er dann wirklich eintritt, bedeutet eine harte Kreuz um die nordöstlichste Ecke der Insel. Bis dorthin sind es noch viele Stunden im Fjord, und ich beschließe, daß ich die endgültige Kurswahl vor Ort entscheiden will. Links herum bedeutet automatisch eine circa vier Tage längere Reise. Sind wir nicht zuletzt deshalb nach Akureyri gegangen, weil wir von hier aus schnell gen Heimat steuern wollten? Man wird sehen.

Der Hafenmeister kann mit unserem Timing weiß Gott zufrieden sein. Wir haben gerade seinen Bootssteg frei gemacht, als auch schon die *Amsterdam* heransteuert. Ein beeindruckender Anblick ist dieser Ozeanriese mit seinem hohen Aufbau und dem gewaltigen Schornstein. Ob Schiffe im Fjord größer wirken als auf See? Ich erinnere mich an manche Bilder von Norwegen, wo ein Kreuzfahrer unten im Fjord geradezu winzig klein aussah. Auf die Perspektive kommt es an. Und von den Planken von *Sposmoker II* aus sehe ich eine riesige Bordwand mit vielen Fenstern und ganz vielen Außenterrassen vor den Kabinen auf den oberen Decks. Der neue Stil in der Kreuzfahrerei ist das. Man ist abgekommen von den langen Promenaden, an deren Reling man mit wildfremden Menschen ins Gespräch kam, auf deren Teakbohlen beim Shuffleboard oder im Liegestuhl so mancher Flirt begann. Vielleicht ist die veränderte Bauweise bezeichnend für die Vereinsamung in der Massengesellschaft, wenn auch die Kreuzfahrtpassagiere sich durch Sichtblenden nach den Seiten »*Privacy*« schaffen. Hotels zu See sind diese Schiffe geworden. Die Passagiere der *Amsterdam* sind wahrscheinlich allesamt beim Abendbrot. Nur drei einzelne Männer stehen in der Backbordbrückennock, als das Schiff querab ist. Ich schätze mal

Lotse, Kapitän und Wachoffizier. Und da sage noch einer, Berufsseeleute hassen die Segler, weil die ihnen immer in die Quere kommen. Die drei dort oben winken lange und sehr freundlich.

Draußen im Fjord ist der Wind sehr stark gegenan. Brechende Seen rollen aus der Dunkelheit auf mich zu, als ich die östliche Landabdeckung passiert habe. Schnelles Reffen ist die erste Maßnahme. Aber auch dann geht der Kat noch immer mit solcher Wucht in die See, daß mir die beiden, die unter Deck zu schlafen versuchen, leid tun. Ein Blick auf die Karte sagt alles. Circa fünfzig Meilen diese Gegenanbolzerei, das hält auf Dauer kein Mensch aus! Und würde ich es auch versuchen, so bin ich doch sicher, daß ich nach einer Teilstrecke mit Rücksicht auf *Sposmokers* Verbände und auf unsere Nerven und Kräfte abbrechen würde. Also gibt es nur zwei Möglichkeiten: zurück in den Fjord und auf Wetteränderung warten oder abfallen nach Backbord und Island links herum umsegeln. Ich weiß aus langer leidvoller Erfahrung, daß Nordostlagen stabil sind. Warten auf eine Winddrehung kann ewig dauern, und die Meteorologen haben auch nichts dergleichen in Aussicht gestellt. Dann lieber mit Rauschefahrt und mit dem Wind nach Westen. Zu lange habe ich aller Welt erzählt, daß Gegenanknüppeln sich nicht gehört.

Klein löst mich ab. Als ich später zum Frühstück komme, segeln wir wie auf Urlaubstörn über das blaue Meer. Der Nordwind hat klare Luft herbeigezaubert. Die Sicht könnte besser nicht sein. Ein wunderschöner Segeltag ist dieser erste Tag der Heimreise, an dessen Nachmittag wir noch ein ganz besonderes Geschenk bekommen.

Wir reisen ziemlich genau auf dem nördlichen Polarkreis nach Westen und behalten diesen Kurs an der Nordwestecke Islands für einige Zeit bei. Ich möchte nicht in Landabdeckungen kommen und in Schwachwindzonen. In der weiten offenen See soll der Nordwind ungehindert und stetig unsere weißen Tücher füllen. Dann plötzlich ist in der westlichen Kimm ganz weit entfernt ein kleiner weißer Punkt zu sehen. Mehrmaliges Mustern mit dem Fernglas. Einen zweiten weißen Fleck entdecke ich neben dem ersten. Es gibt kaum Zweifel. Dort hinten sind zwei Eisberge zu sehen. Ich hätte nie für möglich gehalten, daß so nahe vor der isländischen Küste die Boten Grönlands anzutreffen wären. Wäre ich auf diesem Kurs im Nebel unterwegs gewesen, mit allem hätte ich gerechnet, aber nicht mit Eisbergen im Ostteil der Dänemarkstraße. Ich sage den Freunden nichts, halte aber weiter den Kurs. Wenn uns ein solches Naturschauspiel geboten wird, dann wollen wir es auch aus der Nähe betrachten. Ein Nachmittagsgeschenk gewissermaßen für Beate, die noch nie vor Eisbergen segelte.

Zwei richtig große Monster treiben gemächlich nach Süden. Als wir nahe heran sind, weniger als hundert Meter, zeigt sich die ganze Majestät dieser kalten Klötze. Das sind nicht nur größere Schollen. Es sind Berge, wie ich sie von vielen Reisen in die Antarktis und Arktis kenne. Erinnerungen werden wach an den Törn, den ich mit Freund Klein in den Norden der Westküste Grönlands segelte, wo die hundert Meter hohen Giganten auf ihre lange Drift gehen. Ein unvergeßliches Naturschauspiel erlebten wir dort, als ein paar hunderttausend Tonnen Eis miteinander kollidierten. Die Dinger haben unterschiedlich große Oberflächen und unterschiedliche Unterwasserschiffe, weshalb einer auch mal einen halben Knoten schneller ist als der andere. Wenn diese unvorstellbar großen Massen auch nur mit geringem Fahrtüberschuß zusammenprallen, gibt es langanhaltenden Donner, hohe Brandungswellen und noch stundenlange Nickbewegungen der Kollisionsgegner. Doppeltes Glück hatten wir, daß wir das Spcktakel erleben durften zum einen und daß wir dem Geschehen nicht all zu nah waren zum anderen.

Diese beiden Berge hier aber treiben ganz friedlich miteinander durch die Dänemarkstraße, und ihre Kurse stören sich gegenseitig nicht. Ob wir die Küstenwache alarmieren sollen? Das Schiffahrtshindernis melden? Wir sprechen lange darüber, ob wir verpflichtet sind oder ob wir die Dinger nur aus Sorgfalt und Höflichkeit melden sollten. Ich meine aber, daß so relativ nah vor der Westküste Islands das Meer auch durch Patrouillenflüge unter Kontrolle ist. Die Dinger sind gewiß per Satellit und andere Beobachtungen längst geortet. Unser Report könnte als reine Wichtigtuerei empfunden werden. Also genießen wir den Anblick, machen schöne Fotos und scheuchen, als wir ganz nah sind, einen riesigen Möwenschwarm auf. Die treibenden Klopse wirbeln aus tieferen Schichten allerlei Eßbares nach oben. Für die klugen Tiere bedeutet das einen ständig frisch gedeckten Tisch.

Es bleibt beim östlichen Wind, der allerdings schwächelt. So segeln wir langsamer als erhofft an der Westküste Islands weit draußen auf See nach Süden. Um die tausend Meter hoch sind die Berge, deren Konturen man auch des Nachts deutlich sehen kann. Tief ins Land schneiden die Fjorde und wecken Erinnerungen an eine frühere Reise. Auch über dem Breidafjördur und zur Insel Flattey, wo die Fischer bei unser Ankunft gerade einen sehr großen Heilbutt anlandeten. Vom Gipfel des Snaefellsjökull soll man bei guter Sicht die schneebedeckten Bergspitzen von Grönland sehen können. Solches Wunder war mir damals nicht vergönnt. Aber die Abfahrt vom Berg mit Skiern in sausender Fahrt hatte alles gelohnt.

Einen ganzen Tag lang ist der schneebedeckte Gipfel jetzt zu sehen, da wir mit nur zwei Knoten dahinschleichen. Am Nachmittag des zweiten Tages herrscht dann totale Flaute, durch die wir uns mit der Steuerbordmaschine schieben lassen. Einmal steuert ein niedrig fliegendes Propellerflugzeug in unsere Richtung und dreht eine Runde um *Sposmoker II*. Wir winken, und die Männer in der Kanzel grüßen zurück, wackeln mit den Tragflächen nach alter Fliegergrußsitte und verschwinden irgendwo in der südöstlichen Kimm.

In dem völlig glatten Wasser am Abend dieses zauberhaften Tages spiegeln sich die Sterne und die Berge. Die Steuerbordmaschine schiebt mit geringer Drehzahl und macht nicht viel Lärm. Ich hole mir den CD-Player an Deck und stelle die Lautsprecher auf leise. Dann höre ich ›An der schönen blauen Donau‹, ›Geschichten aus dem Wienerwald‹ und ›Wiener Blut‹. Ich bin noch immer romantisch und voller Träume. Ob es Menschen gibt, die, nüchtern veranlagt, die Schönheiten dieser Welt gar nicht wahrnehmen können? Die nur in Zahlen, Formeln und Fakten denken? Ob es Leute gibt, die beim Anblick des Nordlichts nur die Schultern zucken?

Zuerst ist da nur ein leichter rötlicher Hauch am Nachthimmel. Ich mag noch nicht glauben, daß wir um diese Jahreszeit, und nun schon ein kleines Stück südlich vom Polarkreis, ein Nordlicht zu sehen bekommen könnten. Aber nach einer Viertelstunde sind die Zeichen unverkennbar. Der Himmel beginnt zuerst in einem diffusen rötlichen Licht zu scheinen, bis die wallenden Schleier endlich tanzen und ihren ganzen Zauber entfalten. Grün und rot und fast wieder türkis, über den ganzen nördlichen Himmel verteilt, wallt das Spektakel, das ich so häufig schon schauen durfte und an dem ich mich niemals satt sehen konnte. Auch Christiane Ritter hat das Nordlicht beschrieben und gemalt. Und jetzt erst weiß ich, sechzig Jahre später, wie genau sie beobachtet hat. Ich wecke Beate, damit sie teilhaben kann an der Schönheit. Ob sie so ergriffen ist wie ich? Ich mag nicht fragen und freue mich an dem pastellenen Licht, das gerade ins violette schimmert. Noch einmal die ›Geschichten aus dem Wienerwald‹. Was für eine Nacht.

Ich telefoniere mit dem Trans-Ocean-Stützpunkt in Cuxhaven, und Commodore Bellmer erzählt, daß mein Freund Wolfgang Quix mit *Wolfies Toy* irgendwo in der Nähe sein muß. Wir seien höchstens ein paar hundert Meilen auseinander. Dann bekomme ich einige Kurzwellenfrequenzen und Zeiten, auf denen ich Wolfgang rufen könnte. Während der nächsten Tage versuche ich das auch regelmäßig, bekomme aber leider keine Verbindung. Ich hätte dem guten Quix sonst gerne zu seinem Erfolg gratuliert, kommt er doch von der Hudsonbai, in die ich vor Jahren auch schon mal wollte. In jenem Sommer war es wegen extrem schlechter Eisbedingungen nicht möglich. Es ist vielleicht auch der Klimawechsel, der in unseren Tagen Fahrten durchführbar macht, an die man vor zwanzig Jahren nicht hat denken können.

Als die Wikinger in diesen Gewässern aufkreuzten, sahen sie an den Ufern einer großen Bucht im Südwesten der Insel besonders viel Rauch aus der Erde aufsteigen und die Geysire rhythmisch spucken. Und ganz bestimmt haben die Männer nach mühevoller Überfahrt erst einmal in einer der warmen Quellen ein heißes Bad genommen. Rauchbucht, Reykjavik, so nannten sie den Ort, der den ersten Schutz bot an der langen geraden Südküste. Zwischen ein paar kleinen Fjorden südlich von Seydisfjördur an der Ostküste, die ganze lange Insel entlang, gibt es keinen einzigen Platz zum Unterkriechen. Da lag es nahe, daß sie in der Rauchbucht Station machten. Mit Klein spreche ich über diese navigatorischen Aspekte und sage dann: »Der qualmt aber auch nicht schlecht.« Ein tief abgeladener kleiner Frachter steuert aus der Gegend um Reykjavik in unsere Richtung und wird uns wahrscheinlich nahebei passieren. Solche Luftverschmutzung hätte vor vierzig Jahren in Amerika schon eine hohe Geldstrafe bedeutet. Mein Freund sieht mit dem Glas hinüber. Aber auch ohne Kieker kann man den gelben Schwefel aus dem kleinen Schornstein, mit schwarzem Qualm vermengt, deutlich sehen. Dann lese ich den Namen *Estrella del Norte* und muß laut lachen in der Erinnerung an meine Lotsung auf genau diesem alten schnaufenden Eimer. In der unendlichen Weite der Ozeane trifft man doch immer wieder mal alte Bekannte.

Estrella del Norte bestieg ich damals in der Schleuse von Brunsbüttel für eine Lotsung nach Elbe eins Feuerschiff. Diese *Estrella* gehörte nicht in die Kategorie Schnelldampfer, das sah ich schon von der Mittelmauer und machte mich auf eine lange Reise gefaßt, weil wir die Flut gegenan haben würden. Die ganz besonders freundliche Begrüßung im Ruderhaus milderte dann den

Frust. Der bedauernswerte englische Kapitän konnte ja auch nichts dafür, daß sein altes Röcheleisen von Maschine nicht mehr die volle Leistung brachte. Er war der einzige Europäer zwischen all den Speerwerfern, wie der Seemann multikulturelle Besatzungen zuweilen nennt. Kein guter Job ist solche Seefahrt, und natürlich bedeutet es auch, daß der bedauernswerte Mann seit Kopenhagen und durch den ganzen Kielkanal auf den Beinen gewesen war. In solchen belebten Gewässern konnte er seine Mitarbeiter, auch höherer Ränge, nicht alleine lassen. Der Mann war hundemüde, weshalb ich ihn nach den ersten Meilen fragte, ob er nicht schlafen gehen wolle. Was sollten wir uns zu zweit die Beine in den Leib stehen? Das Selbststeuer war an. Ein Radio dudelte Musik vom Nachtexpreß, und eine Thermoskanne voll Tee war auch da.

Mein Angebot war willkommen, und ich bekämpfte die Flut allein, fuhr die *Estrella del Norte* durch die dunkle Nacht und den Altenbrucher Bogen, wie wir die scharfe Kurve oberhalb von Cuxhaven nennen. Dann wurde es auf den langen geraden Kursen unterhalb der Kugelbake ein wenig langweilig, und ich besann mich auf meine alte Kunst, auf den Händen zu laufen. Ein wenig einknicken mußte ich dabei mit den Oberarmen, weil die Decke des Ruderhauses so niedrig war. Einmal lief ich auch quer rüber von Backbord nach Steuerbord über die ganze Breite und stütze mich dabei mit den Füßen an der Decke ab. Die bestand aus weißgestrichenen Platten, und vielleicht hätte ich daran denken sollen, daß dieses Schiff nicht nur alt, sondern seine Decks ölverschmutzt und von Ladungsresten schwarz verschmiert waren. Es dämmerte ungefähr beim Leuchtturm Großvogelsand, als der Alte ausgeschlafen wieder auf die Brücke kam. Dankbare Begrüßung. Dann sah ich auf seinem Gesicht eine Mischung aus Schreck, Erstaunen und Unglauben. Eine wunderbare Spur hatte ich dort oben hinterlassen. Die Abdrücke meiner Sohlen waren sauber einen Fuß vor den anderen gesetzt. Wir haben über das Wunder nicht gesprochen und beide so getan, als hätten wir nichts gemerkt. Aber ich bin sicher, daß dieser Kapitän auf der ganzen Welt erzählt hat, daß auf der Elbe die Lotsen an Wänden und Decken laufen können.

Das ganz besonders schöne Wetter hat wohl auch was mit Stille vor dem Sturm zu tun. Es brist auf aus Südost. Wir wechseln auf das kleinere Großsegel, und ich studiere alle naselang den Barographen, auf dem die Kurve steil nach unten geht. Mal wieder so ein Minitief, das sich schnell entwickelt. Ich bespreche mit Klein, ob wir beidrehen wollen oder nach Südwesten ablaufen, um aus dem Schlamassel schneller herauszukommen. Gegen Abend haben wir dann acht in Böen, und ins Tagebuch schreibe ich: »Sturm, See hoch und brechend.« Da ist es dann noch immer am besten, beizudrehen und abzuwarten. Wir legen uns unter zweifach gerefftem groß und hart übergelegtem Ruder mit dem Kopf auf die See, um nicht in Richtung Kap Farvel an der Südspitze Grönlands zu treiben. Während der Nacht flaut es ab. Wolkenbruchartige Regenschauer sorgen für niedrigere Wellen. Morgens können wir bei sehr unruhiger Kreuzsee und teilweise brechenden Wellen die Reise fortsetzen.

Bevor ich die Karten von Island wegstaue und schon mal die Färöer, Orkneys und Shetlands herauskrame, blicke ich noch lange auf den Vatnajökull, den größten Gletscher der Insel. Wo anders, wenn nicht hier, hätte das Wort Gletscherfeuer seine Berechtigung, ist doch in lebhafter Erinnerung, wie noch vor gar nicht langer Zeit die Erde unter dem Gletscher aufbrach. Die Lava zerschmolz das Eis von unten, bis der entstandene Stausee die Barriere brach und die Mischung aus Eis, Wasser, Schlamm und riesigen Blöcken zum Meer floß. Was im Wege stand, wurde mitgerissen. Die Hauptverkehrsstraße an der Südküste. Kilometerlang einfach weggespült. Vatnajökull. Ich blicke auf die Karte und erinnere mich, wie schnell die Isländer den Bau von Notbrücken und einer ersten neuen Piste geschafft hatten.

Ich bin noch nicht lange unter Deck, als Beate mich weckt, weil ein Frachter quer kommt und schon ganz nahe ist.

»Der muß doch ausweichen! Aber hält genau auf uns zu!«

Als erstes lobe ich sie, daß sie mir Bescheid gesagt hat. Ich schärfe meinen Mitseglern immer wieder ein, daß sie mich lieber zehnmal zu früh als einmal zu spät wecken sollen und sich niemals scheuen dürfen, mich herauszuholen. Dann erkläre ich Beate die Unterschiede zwischen der Rechtslage und der gängigen Praxis. Und letztere ist leider außerordentlich betrüblich. Ein maschinengetriebenes Fahrzeug muß einem Segelfahrzeug ausweichen. Da gibt es überhaupt kein Vertun. Und ein Segler muß schleppenden Fischereifahrzeugen oder manövrierbehinderten Fahrzeugen ausweichen und sonst niemandem. Die Regeln sind einfach. Sie wurden weltweit eingeführt, als nach der Erfindung der Dampfmaschine maschinengetriebene Fahrzeuge und große Segler miteinander auskommen mußten. Yachten waren eher selten zu jener Zeit.

Nun haben die Segler die Berufsseeleute ein wenig verwöhnt, weil sie seit langer Zeit von sich aus oder besserer Einsicht folgend den größeren Pötten Platz machen. Also haben sich die Nautiker auf den Brücken daran gewöhnt, daß der Segler schon weichen wird, und sie denken überhaupt nicht mehr daran, auch nur ein paar Grad Kurs zu ändern. Die Zahl der Beinahezusammenstöße ist nach meiner Beobachtung Legion. Durch die Entwicklung zur Einmannbrücke hat es sich aber ergeben, daß die großen schnellen und modernen Frachter fast nur automatisch und per Antikollisionsradar gesteuert werden. Der Mann auf der Brücke sieht von den hundert Seemeilen, die er in einer vierstündigen Wache normalerweise durcheilt, nichts oder nur einen Bruchteil. Er hat eine Fülle von Nebenaufgaben und kümmert sich um das Fahren nur, wenn sein Computer Kollisionsgefahr optisch oder akustisch anzeigt. Die Crux ist bloß, daß bei etwas Seegang und Wind die Yachten auf dem Radarbild gar nicht erscheinen, weil sie in den Reflexen untergehen.

Eine viel größere Gefahr für die Segler sind die leider zumindest zeitweise ganz menschenleeren Brücken. Die Leute haben sich eben daran gewöhnt, daß ihr Frachter automatisch fährt, auch wenn keiner oben ist. Ein Segler kann deshalb nie davon ausgehen, daß er überhaupt wahrgenommen wird. Die Konsequenz kann nur heißen, daß man sich aus den Kinken bergen soll, das heißt: Platz machen. Man sieht nachts zwei weißen und einer grünen oder roten Lampe nicht an, ob es sich um einen Geisterfahrer handelt oder ob die Brücke besetzt ist.

»Und am Tag?« Beate sieht mich nachdenklich an und schaut dann mit dem Fernglas zu dem Massengutfrachter, der einen Kurs ungefähr von Narvik nach Mittelamerika steuert.

»Am Tag sollte man auch dann nicht sicher sein, daß man gesehen wird, wenn man Menschen auf einer Brükke entdeckt. Die müssen ja nicht unbedingt was mit der Führung des Schiffes zu tun haben. Das kann der chinesische Koch sein oder ein Passagier aus Bayern an seinem ersten Tag auf See. Selbst wenn das Schiff seinen Kurs ändert, muß der Segler das nicht unbedingt auf sich beziehen. Es gibt unendlich viele Gründe für eine Kursänderung. Von neuer Order über Maschinenversagen bis zu Unterwasserhindernissen.«

Unser Gegner passiert uns einige hundert Meter vor unserem Steven. Ein exotischer Name. Eine zerschlissene schwarzverräucherte Flagge, die absolut nicht zu erkennen ist. Der Heimathafen sei lieber verschwiegen, weil er geradezu als Synonym gilt für Substandardschiffe, Rostlauben und unqualifizierte Besatzung.

Auf der Route, die wir jetzt befahren, war ich oft unterwegs. Auf Frachterreisen von der Elbe zur Belle Isle Straße und nach Montreal oder mit dem Segelboot nach Island, Grönland und zurück. Selten gab es hier schönes Wetter oder gar ruhige See. Und besonders große Erwartungen hege ich auch jetzt nicht. Es ist wieder naß, neblig und bedeckt. Und gelegentlich spinnen wir schon mal herum, ob wir nicht über die Azoren und den englischen Kanal nach Hause reisen sollten. Andererseits haben wir westliche Schiebewinde von auch mal sieben und acht. Die Bewegungen des Schiffes sind angenehm, und der scheinbare Wind ist fast null, weshalb sich die noch immer niedrigen Temperaturen ertragen lassen. Ein wenig wärmer wird es erst bei der Passage der Orkneys, als Dennis Head, die Nordspitze von North Ronaldsay, quer ab ist. Dort sind wir an einem Nachmittag, wo sogar erste Sonnenstrahlen für gute Laune sorgen. Gute Stimmung gibt es aber auch durch die Gespräche mit Zuhause. Alle haben wir die Mobiltelefone in Betrieb, weil dicht unter der Küste ein Netz angezeigt wird. Beate spricht endlich mal wieder lange und ausgiebig mit ihrem Freund. Und ich werde ganz schnell nach der Rückkehr meine Charter antreten müssen.

Die Südwestecke Norwegens halten wir jetzt an Backbord, und *Sposmoker II* beginnt zu laufen. Nordwestwind um fünf Beaufort jagt uns über die Kämme. Dies ist Katamaransegeln vom feinsten. Dann legt der Wind noch zu auf Nordwest acht. Eine stürmische Nacht erinnert mich daran, daß wir spät im Jahr in einem nicht ganz unproblematischen Seegebiet unterwegs sind. Ich berge alle Segel bis auf die Sturmfock. »Schwere Schauerböen und Nordwest neun« steht im Tagebuch. Aber vor der See mit kleinen Tüchern droht keine Gefahr. Dieses sichere Boot hat schon ganz anderes Wetter ohne Probleme gemeistert.

Die Kraft des Sturmes ist nach etlichen Stunden gebrochen. Mit Annäherung an die norwegische Küste wird es handiger, wie der Seemann sagt. Dann passieren wir Lista im Abstand von zwei Seemeilen bei nördlichem Wind um die vier. Ruhiges Wasser jetzt unter der Küste und leckerer Schiebewind. Wie haben wir uns hier auf der Ausreise schwergetan. Man bekommt alles heraus im Leben, was man reingesteckt hat, lautet ein Satz, den

Klein und ich häufig bemühen. Nun segeln wir mit flotter Fahrt nach Osten, wo wir auf der Ausreise nach Westen kämpfen mußten.

Der Wind wird bald unbeständig und böig bis sechs Beaufort. »Häufiger Wechsel der Focks« und »ein- und ausreffen des Großsegels« steht im Tagebuch. Nordost sieben, acht und neun setzt sich durch. Östlich Kristiansand müssen wir umdrehen bei hoher Dünung aus Nordost und schwerer See. Sollen wir ablaufen? An der Westküste Jütlands entlang zur Elbe rasen? Wir besprechen den alternativen Kurs und entscheiden uns gemeinsam für eine Schutzbucht, die wir dann bei dem kleinen Ort Sögn finden. Um zehn fällt der Anker, und um zwölf bin ich schon wieder so ausgeschlafen, daß ich mich hier nicht lange aufschießen will. Mein Termin in Stralsund drängt.

»Anker auf!«

Im inneren Fahrwasser steuern wir mit nur einer Maschine nach Osten und machen abends spät wegen Nordost neun in Lillesand fest. *Sposmoker II* ist in der Manövrierfähigkeit eingeschränkt. In den engen Schärenfahrwassern nachts unterwegs zu sein wäre ein zu großes Risiko, was mir das Anlegemanöver in Lillesand noch einmal richtig verklickert.

Mit beiden Maschinen kann ich mit *Sposmoker II* auf den Zentimeter genau manövrieren. Wenn ich in den engsten Hafenbecken auf dem Teller drehe, durch schmalste Durchlässe steuere, ohne anzustoßen, dann erregt solch ein Manöver oft Bewunderung bei Pollerhockern und anderen Sehleuten. Nun aber Lillesand bei Sturm mit nur einer Maschine. Das oberste Gebot heißt Vorsicht, damit ich auf keinen Fall Schaden verursache an anderen Schiffen oder am Steg. Dann schärfe ich meinen Gefährten ein, daß sich dieser Anleger nicht vorausplanen läßt. Ich kann nicht vorher sagen, welche Seite Landseite wird. Wir müssen einfach irgendwie versuchen, eine Leine festzubekommen und den Rest mit Hilfe weiterer Leinen und den Winschen bewerkstelligen.

Augen auf! Nicht Augen zu! Und mit langsamer Fahrt drauf los.

Ich benötige bei dem Wind etwas Speed, um steuerfähig zu sein. Ich muß aber noch immer abdrehen können, bevor der Wind uns auf die anderen Yachten drückt. So fahre ich einige Anläufe, um etwas vorzutesten und traue mich jedesmal ein bißchen näher ran. Die ungewöhnlichen Aktionen erregen selbstverständlich Aufsehen. Einige Norweger kommen auf dem langen Schwimmsteg zu der Stelle, wo ich anlegen möchte. Von der einzigen deutschen Yacht aus sehen drei Männer, mit Ferngläsern bewaffnet, zu. Und ich kann absolut nicht verstehen, warum die nicht zu Hilfe eilen. Die müßten doch sehen, daß ich in Schwierigkeiten bin! Irgendwie gelingt es, eine Leine rüberzuwerfen, die auch gleich festgemacht wird, bevor sie in die Schraube kommt. Der Rest ist Routine, mit weiteren Leinen und meinen starken Winschen.

Nachdem wir vertäut sind, gehe ich zu dem Kameraden mit dem Adenauer am Heck, und grüße freundlich.

»Verstehen Sie es bitte richtig. Ich möchte Sie nicht angreifen. Ich möchte auch überhaupt nicht meckern. Ich möchte bloß gerne wissen, warum Sie beim Anlegen nicht zu Hilfe kamen. Sie müssen doch gesehen haben, daß irgend etwas nicht stimmt.«

»Wir haben gedacht, das ist *Sposmoker II* mit dem

Einhandsegler Gerd Engel. Der ist vielleicht beleidigt, wenn wir ihm helfen.«

Die Antwort haut mich um. Sie erklärt zugleich ähnliche Vorfälle aus der Vergangenheit. Ich war ja auch an der Ostseeküste immer wieder allein mit *Sposmoker II* unterwegs. Dann wunderte ich mich, warum mir nie jemand half. Ich hatte zwei Saisons einen Liegeplatz in Rendsburg und fuhr häufig in Kiel durch die Schleuse. Sechs Yachten mit zusammen vierzig Männern liefen mit mir ein, und keiner nahm mir eine Leine ab. Da haben die also alle gedacht, daß ich das sowieso alleine mache!

Eine Bauernnacht in Lillesand mit Morgendusche, Einkauf und Münzwäscherei. Zuweilen hat ein Sturm auch sein Gutes. Mittags haben wir schönes Wetter und einen guten Bericht. Der hübsche kleine Ort wäre einen längeren Aufenthalt wert. Aber *Sposmoker II* wird an anderer Stelle dringend gebraucht. 13.50 Uhr passieren wir Ansteuerung. Die Sonne scheint, und das Meer ist ganz ruhig. Trügerisch ruhig!

Um 14.30 Uhr notiere ich: »Schwerer Sturm aus Nordost. Drehen um und laufen in Landschutz.«

Nordnordost bis neun Beaufort! Wir finden ein kleines Fleckchen einigermaßen ruhiges Wasser zwischen den Außenschären, die aber so flach und ohne Vegetation keinen ausreichenden Schutz vor den Sturmböen bieten. Ich habe große Mühe, nur mit der Steuerbordmaschine das Schiff zu halten. Schwere Böen drücken mich zur Seite. Dann muß ich jedesmal versuchen, Fahrt aufzunehmen, um in einem Bogen wieder einen Kurs nahe unter die luvwärtige Schäre zu steuern. Einmal sind wir kurz vor der Strandung auf den überbrandeten Klamotten in Lee. Aber hat dieser Kat nicht so wunderbare Segeleigenschaften? Mit Sturmfock und dreifach gerefftem Großsegel geht es uns endlich besser. Ich fühle mich sicher unter Segeln. Dann entdecke ich in der Ferne ein Seezeichen des inneren Schärenweges und denke, daß ich am kleinen Feuerturm wohl anliegen könnte. Unter Segeln und mit gelegentlicher Unterstützung der Steuerbordmaschine geht es innen entlang nach Nordost, bis wir abends bei abflauendem Wind einen neuen Versuch wagen, nach Skagen zu kommen. Torungen, eine Insel vor Årendal, ist das letzte norwegische Land, das wir auf dieser Reise sehen. Hohe brechende Dünung aus Nordosten macht uns das Leben schwer. Und die Reise über das Skagerrak wird kein Zuckerschlecken.

Zum Abschluß gibt es zwei herrliche Segeltage. Jetzt sind wir bei nordöstlichen und nördlichen Winden auf dem vertrauten Fahrwasser in Kattegat und Öresund unterwegs. Varberg passieren wir. Dort war Klein nach dem Krieg ein Jahr lang interniert. Und wieder Kap Kullen mit Mölle, das ich bei passender Gelegenheit so gerne anlaufe. Kopenhagen saust vorbei, und von Mön treibt uns der westliche Wind in Richtung Hiddensee. Mit viel Glück erreiche ich die Ansteuerung nach Stralsund, bevor der prognostizierte Süd sieben einsetzt. Ein anstrengender Tag wird uns ins Haus stehen, weshalb ich die Gefährten schlafen schicke. Die Ansteuerung und die Fahrt durch den Tonnenweg mache ich allein und ankere um drei Uhr nachts auf der Reede von Barhöft. Kurze Ruhe nur, dann geht es weiter im ersten Büchsenlicht, noch immer mit nur einer Maschine, den ausgetonnten schmalen Graben entlang, den wir sechs

Wochen vorher mit solch hochgestecktem Ziel durchsteuert haben.

Der Anleger in Stralsund klappt mit nur einer Maschine. Mein Freund Bornhöft ist vorgewarnt und hält *Sposmoker II* mit starkem Arm, bis die ersten Leinen fest sind. Herr Hartlieb, Leiter des Bauamtes, vertritt den Bürgermeister. Herr Urban von der Firma Strelaback hat es sich nicht nehmen lassen, eine Begrüßungstorte mit spezieller Aufschrift zum Willkommen herzustellen. Viel Händeschütteln und viele Umarmungen gibt es. Ich habe das Gefühl, in Stralsund schon ein wenig heimisch zu sein. Aber es bleibt nicht viel Zeit für lange Geschichten. Eine halbe Stunde nach Ankunft ist der von Jörg Bornhöft arrangierte Kran schon zur Stelle. Pallhölzer werden ausgelegt. Vier Gurte kommen um die Rümpfe, und *Sposmoker II* schwebt auf die Pier. Das Steuerbordschwert sieht im unteren Bereich aus wie ein Rasierpinsel. Ansonsten gibt es an dem Boot keine Schäden. Das Glas und das Harz von der Firma von der Linden hat den Jan-Mayen-Strandungstest überstanden. Habe ich nicht immer behauptet, daß Epoxilaminat an Festigkeit manch anderes Material übertrifft?

Welch ein Gewusel jetzt, wo einige Männer der Firma Allrein die Rümpfe reinigen, mein Freund Buddy das Schwert mitnimmt zur Reparatur, und Frank Börgert als Geschäftsführer des Ringhotels in Barth mit dem Vertrag für die nächsten vier Wochen da ist. Am nächsten Abend schon soll ich dort eintreffen. Die Presse ist informiert, und ich muß mich sputen. Wieder mal wird es eine lange Nacht, bis ich von morgens um vier bis um sieben ein wenig Schlaf bekomme. Um elf, das heißt vierundzwanzig Stunden nach Ankunft, küßt *Sposmoker II* schon wieder das Wasser des Hafens von Stralsund. Und dann ab dafür nach Barth am Bodden!

Jörg B. ist jetzt mit und hilft beim Waschen und Aufklaren des Decks, während sein Sohn Max steuert. Was hat man mir nicht alles erzählt über die Enge des Fahrwassers nach Barth. Das Schiff sei viel zu groß. Ich würde festkommen. Mit *Sposmoker II* könne man gar nicht bis dorthin. Und nun haben wir eine schöne Reise mit abwechselnd Max und Tim am Ruder. Wobei ich besonders Max, mit seinen zehn Jahren der ältere von den beiden, wegen seines guten Jobs bewundere. Der Junge steht da, aufmerksam und gelassen wie ein Alter. Es wirkt, als hätte er nie etwas anderes getan, als riesige Katamarane durch lange Nadelöhre zu steuern. Aus solchem Material schnitzt das Schicksal gestandene Männer. Und ich habe keine Bedenken, ihn vor dem Hotel den Anleger fahren zu lassen. Und die Backbordmaschine? Die Firma Jachtservice in Stralsund hat das Ding erst mal zum Laufen gebracht. Dann kommt auch das neue Getriebe von Marx Marine in Hamburg und, wieder mal in einer einzigen Nacht, mit zweimaligem Kranen baut die Firma Lingrön ein neues Getriebe und einen neuen Propeller an. Ich muß nicht aus der Charter, und diese tollen Leute haben einen Engel zum Freund gewonnen.

Vier Wochen Tagestörns und Kranichtouren für das Ringhotel Speicher Barth. Ich bewohne hoch oben ein Zimmer mit Blick auf den Hafen und auf mein Schiff und genieße die Fürsorge eines engagierten Teams, genieße ein trockenes Bett und täglich eine heiße Dusche.

Hier schreibe ich das Buch über Jan Mayen und stehe auf dem Balkon, wenn ich eine Pause benötige. Dann kommen die Bilder dieses oder anderer Törns zurück. Und ich erinnere mich an die Menschen, mit denen ich so manches Abenteuer glücklich überstanden habe. Das starke Boot dort unten ist das eine, und das andere sind Kameraden, auf die man sich verlassen kann. Starke Frauen und gestandene Männer sind gefragt, wenn man sich hohe Ziele setzt. Und warum das Ganze? Die Gäste der Chartertouren wollen das wissen. Die Menschen, mit denen ich im Hotel ins Gespräch komme, fragen mich nach dem Warum.

Und die ehrlichste Antwort?

Der Name Jan Mayen war mir vor der Reise ein Aufmerken wert, wann immer und bei welcher Gelegenheit auch die Insel erwähnt wurde. Gespannt und ganz besonders aufmerksam hörte ich selbstverständlich nach unserer Abreise von der Insel weiterhin die Wetterberichte für die Gegend. Sogar jetzt noch, Monate später, interessiert mich das Wetter dieser Teufelsinsel im eisigen Nordmeer, die mir fast zum Verhängnis geworden wäre. Und die Erkenntnis verfestigt sich einmal mehr: Der Beerenberg hat einen hohen Preis, und der heißt Zeit. Man muß warten können und viel Geduld mitbringen, wenn man diesen ganz besonderen Gipfel machen will. Und noch eine Erkenntnis gewinne ich mit ein wenig Befriedigung wegen meiner richtigen Entscheidung zur Abreise! Auch viele Wochen nach unserem Versuch wäre eine Besteigung des Berges schlechten Wetters wegen nicht möglich gewesen.

Glossar

ablaufen	Vor dem Wind segeln. Den Sturm von hinten schieben lassen, um den Wellen Anprallenergie zu nehmen.
abslippen	Ein Boot auf einer schrägen Fläche (häufig befestigt, betoniert, gepflastert) zu Wasser lassen.
Achterholer	Eine der vier Leinen, mit der normalerweise ein Spinnaker am Boot befestigt ist.
Ankerspill	Vorrichtung (hydraulisch, elektrisch oder mechanisch) zum Einholen von Ankerketten oder Ankerleinen.
Anlieger steuern	Auf ein Ziel zuhalten, ohne kreuzen zu müssen.
Ansteuerung	Schwimmendes oder festes Seezeichen vor Häfen, Mündungen, Einfahrten. Das Gebiet vor Häfen oder Einfahrten.
Amwindkurs	Der bestmögliche Kurs gegen den Wind.
aufkürzen	Einen Teil der Festmacherleinen

	schon einige Zeit vor der endgültigen Abfahrt des Schiffes einholen.
aufslippen	Ein Boot auf einer schrägen Fläche (häufig befestigt, betoniert, gepflastert) aus dem Wasser holen.
Augbolzen	Bolzen mit Gewinde und einem runden Loch an einem Ende, in dem sich ein Tau oder ein Schäkel befestigen läßt.
Beiholer	Leine, mit der andere Leinen in Querschiffsrichtung herangeholt werden. Wird häufig zum besseren Einstellen von Vorsegeln benutzt.
Breite holen	Einen möglichst direkten nördlichen oder südlichen Kurs steuern, um möglichst viele Breitengrade zu überqueren.
dippen	Kurzes Niederholen der Nationalflagge, um ein anderes Schiff oder eine Nationalflagge an Land (Schiffsbegrüßungsanlagen) zu grüßen.
EPIRB	Automatische Seenotfunkboje. Beim Eintauchen ins Wasser wird ein Notsignal ausgesendet. Kann auch von Hand aktiviert werden.
Epoxi	Klebeharz, das in Verbindung mit einem Härter für hochfeste Ver-

	klebungen oder zum Laminieren benutzt wird.
Fall	Leine zum Setzen eines Segels. Tau zum Aufholen von Segeln.
Genua	Großes Vorsegel.
GPS	Global Positioning System. Navigationsverfahren, um mit Hilfe von Satelliten eine ständige Ortsbestimmung zu bekommen.
Groß reffen	Die Fläche des größten Segels oder Hauptsegels verkleinern.
halsen	Die Windeinfallseite wechseln, indem man das Heck durch den Wind dreht.
Heißvorrichtung	Jede Einrichtung auf einem Schiff, mit der Gegenstände, Boote, Segel oder anderes in die Höhe gezogen werden.
hieven	Das Hochziehen von Ankern oder das Einholen von Tauen.
hoch am Wind	Ein Kurs, so weit wie möglich gegen den Wind.
Kimm	Die Linie auf See, auf der sich Himmel und Wasser treffen.
Knoten	Maßeinheit für Bootsgeschwindigkeit. Fahrt von einem Knoten heißt, daß ein Fahrzeug in einer Stunde 1852 Meter zurücklegt.

Kreuzschlag	Einer der Zickzackkurse, die man beim Segeln gegen den Wind steuert.
Kümos	Abkürzung für Küstenmotorschiffe. Frachter, die normalerweise nicht über die großen Ozeane fahren.
Lee	Die dem Wind abgewandte Seite eines Fahrzeugs. Die Richtung, in die der Wind weht.
Legerwall	Eine Küste, Sandbank oder flache Stelle in der Richtung, in die der Wind weht.
Luv	Die dem Wind zugewandte Seite.
Pallhölzer	Balken, auf denen ein Schiff steht oder mit deren Hilfe Boote vor dem Umfallen gesichert werden.
Querträger	Die Verbindung zwischen den Rümpfen von Katamaranen.
reffen	Verkleinern von Segelfläche durch Einrollen oder Einbinden.
Rigg	Die Gesamtheit von Mast, Baum, Spieren, stehendem und laufendem Gut
Rudergänger	Mensch, der mit Rad, Pinne oder per Knopf ein Schiff steuert.
Schäkel	Unterschiedlich verschließbarer

	Bügel aus Metall zum Verbinden von Leinen, Ketten, Segeln, Blökken und anderem mehr.
Schoten	Leinen zum Einstellen von Segeln.
Schotwinschen	Seiltrommeln zum Spannen oder Einholen von Schoten.
schwoien	Das Pendeln oder Hin- und Herbewegen eines Schiffes vor Anker.
Saildrive	Eine Konstruktion, bei der die Schraube direkt vom Motor und nicht mittels einer nach achtern geführten Welle angetrieben wird.
Seitenfänger	Fischdampfer, auf denen das Netz über die seitliche Reling oder Verschanzung eingeholt wird.
Sextant	Präzisionsgerät zum Messen von Winkeln. Wird hauptsächlich in der astronomischen Navigation eingesetzt.
Smut	Schiffskoch.
Standlinie	Eine Linie, ein Strich in einer Seekarte, auf der sich das Fahrzeug befindet.
Steven	Der vordere und der hintere Abschnitt eines Schiffes. Wird häufig auch als Vorsteven oder Achtersteven genauer bezeichnet.
Stromkabbelungen	Seegebiet mit besonders hohen und steilen Wellen, die entstehen, weil der Wind einer Strömung entgegenweht.

Tampen	Das Ende eines Taus, Seiles oder Stricks.
Tide	Die Zeit oder Gezeit von einem Niedrigwasser bis zum nächsten oder von einem Hochwasser bis zum nächsten.
Triaxialgelege	Aus Glasfasersträngen gefertigtes Material zum Laminieren, bei dem die Stränge in drei Richtungen liegen.
Trockenanzug	Häufig aus Neopren gefertigter Anzug, in den kein Wasser eindringen kann.
Typhon	Gerät zur Abgabe von Schallsignalen, bei dem der Ton durch Druckluft erzeugt wird oder bei dem eine Membran elektrisch bewegt wird.
Übersegler	Karte großen Maßstabs zur großräumigen Reiseplanung.
Verbände	Verstärkung eines Schiffsrumpfes wie Spanten, Stringer oder Schotten.
vor Topp und Takel	Fortbewegung eines Bootes ohne Segel, nur vor dem Mast und den ihn haltenden Drähten und Ketten.

Extreme Reisen abseits der üblichen Routen erfordern eine umfangreiche Vorbereitung, Planung und Ausrüstung. Während der Durchführung und nach glücklicher Heimkehr ist Hilfe in zuweilen auch schwierigen Situationen gefragt. Ich möchte mich bedanken bei den vielen Menschen, die mir geholfen haben, insbesondere bei

Vivi Andorsen	Politimesteren Bodö
Helmut Bellmer	Commodore Trans Ocean
Peter Bohn	Bohnsegel
Jörg Bornhöft	Garten- und Landschaftsbau
Wolfgang Georg Bühler	Vice President i. R.
Tom Fritz	Allrein, Stralsund
Peter Gerke	Arzt
Per Erik Hanevold	Stationsleiter Jan Mayen
Dieter Hartlieb	Leiter Bauamt Stralsund
Heinz-Günther Hill	Deutscher Wetterdienst
Harald Lastovka	Oberbürgermeister Hansestadt Stralsund
Olaf Lingrön	Sportboot- und Industriemotoren
Enno Pfahl	Schiffsausrüstung Schefferling
Albert Schönstein	Mechanikermeister

Olafur A. Sigurdsson	Commander – Kapitän i. R.
Andreas Timm	Yachtservice Stralsund
Johann Voß	Diplomingenieur
Hans-Wolfgang Weinert	Hafenkapitän Stralsund

Reiseroute des Katamarans Sposmoker II

4444 Seemeilen von Stralsund nach Jan Mayen und zurück

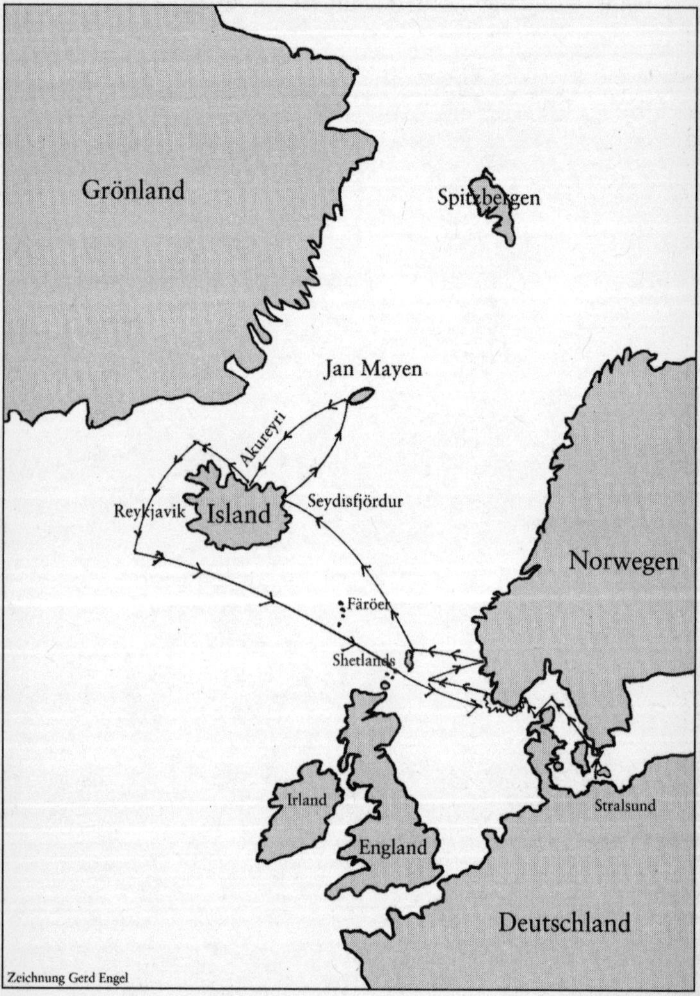

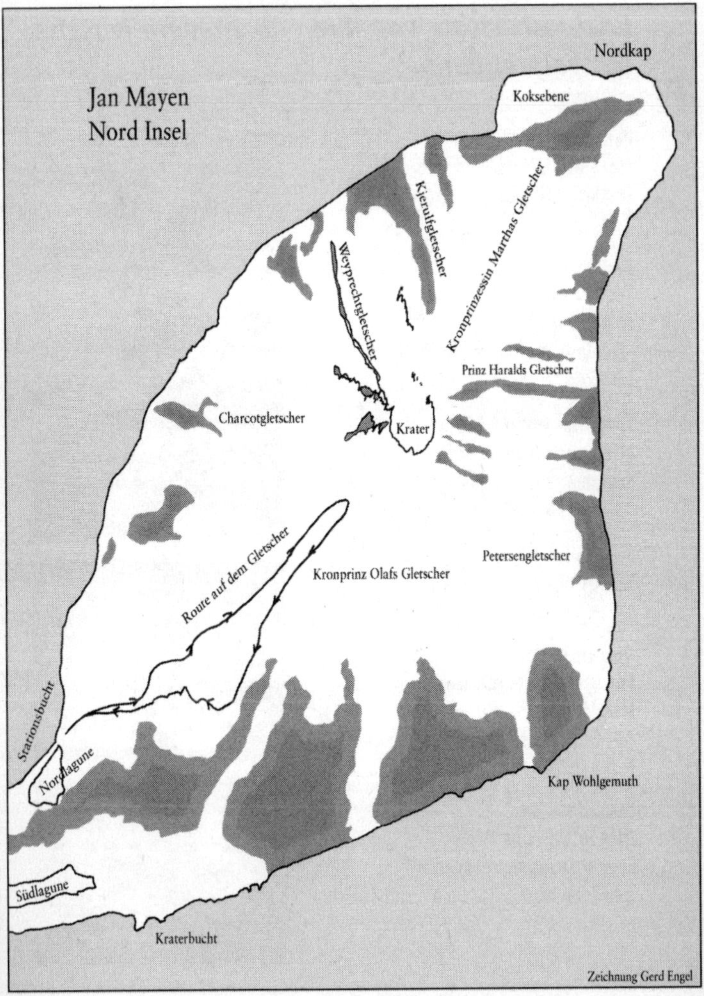
Jan Mayen
Nord Insel
Nordkap
Koksebene
Kjerulfgletscher
Kronprinzessin Marthas Gletscher
Weyprechtgletscher
Prinz Haralds Gletscher
Charcotgletscher
Krater
Route auf dem Gletscher
Kronprinz Olafs Gletscher
Petersengletscher
Stationsbucht
Nordlagune
Kap Wohlgemuth
Südlagune
Kraterbucht
Zeichnung Gerd Engel

Herausforderung Ozean

Extremsegler und die faszinierenden Erlebnisberichte von ihren Abenteuern jenseits des Vorstellbaren

Pete Goss
Hart am Wind
In der Hölle der Vendée Globe
3-548-25084-X

Gerd Engel
Tropendurst und Arktishunger
Mit dem Wind um die Welt
3-548-24775-X

Törn ins ewige Eis
Mit *Sposmoker II* im Südatlantik
3-548-24483-1

Hannes Lindemann
Allein über den Ozean
3-548-23062-8

Norbert Sedlacek
Im Grenzbereich des Möglichen
Als Einhandsegler um die Welt
3-548-25091-2

Joshua Slocum
Allein um die Welt
Er wagte es als Erster
3-548-24736-9

Mar. 19

Econ | Ullstein | List